Três Arco-Íris

Uma colônia de luz

FUNDAÇÃO ABRINQ RECONHECE EMPRESA AMIGA DA CRIANÇA

Somos associados da **Fundação Abrinq** pelos direitos da criança. Nossos fornecedores uniram-se a nós e não utilizam mão-de-obra infantil ou trabalho irregular de adolescentes.

Três Arco-Íris

1-7-07-22.000

Direção editorial: **Flávio Machado**
Assistente editorial: **Dirce Yukie Yamamoto**
Chefe de arte: **Marcio da Silva Barreto**
Capa: **Júlia Machado**
Ilustração da capa: **Alberto De Stefano**
Diagramação: **Ricardo Brito**
Revisão: **Luiz Chamadoira**
Auxiliar de revisão: **Adriana Maria Cláudio**
Fotolito da capa: **Paty Digital**
Impressão: **SERMOGRAF**

Dados Internacionais de Catalogação na Publicação (CIP)
(Câmara Brasileira do Livro, SP, Brasil)

Josué (Espírito).
Três arco-íris / romance do Espírito Josué ; psicografado pelo médium Eurípedes Kühl. – São Paulo : Petit, 2007.

ISBN 978-85-7253-153-5

1. Espiritismo 2. Psicografia 3. Romance espírita I. Kühl, Eurípedes II. Título.

07-3921 CDD: 133.9

Índices para catálogo sistemático:
1. Romance espírita : Espiritismo 133.9

Impresso no Brasil, no inverno de 2007.

Três Arco-Íris

Uma colônia de luz

Romance do Espírito

Josué

Psicografado pelo médium

Eurípedes Kühl

petit editora

Rua Atuaí, 383/389 – Vila Esperança/Penha
CEP 03646-000 – São Paulo – SP
Fone: (0xx11) 6684-6000
Endereço para correspondência:
Caixa Postal 67545 – Ag. Almeida Lima
03102-970 – São Paulo – SP

www.petit.com.br | petit@petit.com.br

Livros do médium
EURÍPEDES KÜHL:

Com o Espírito Josué

- *Infidelidade e Perdão*
- *Uma Partida de Amor*
- *Três Arco-Íris*

Com o Espírito Roboels

- *Sempre Há uma Esperança*
- *Transplante de Amor*

Com o Espírito Domitila

- *Os Tecelões do Destino*

Com o Espírito Claudinei

- *Saara: Palco de Redenção*

Do próprio autor

- *Animais, Nossos Irmãos*
- *150 Anos de Allan Kardec*

Pela *Butterfly Editora*

- *Sonhos: Viagens à Alma*

2007: SESQUICENTENÁRIO DE *O LIVRO DOS ESPÍRITOS*

Homenagem do autor espiritual, do médium e da Petit Editora a ALLAN KARDEC

Inscrição que se vê na pedra superior do dólmen[1] (túmulo) de Allan Kardec, no Cemitério Père-Lachaise, em Paris:

"Naître, mourir, renaître encore et progresser sans cesse. Telle est la loi"

(Nascer, morrer, renascer ainda e progredir sem cessar. Tal é a lei)

1. Foto acima à pág. 142, vol. terceiro, de *Allan Kardec*, de Z. Wantuil e F. Thiesen, 2ª edição, 1982, FEB, RJ/RJ – Reprodução autorizada pela FEB. (Nota do Médium)

Sumário

Prefácio

CORPOS CELESTIAIS, percorrendo o espaço sideral em fantásticas velocidades, passam por outros astros, descrevendo tangentes de proximidade.

Esses corpos não se locomovem em linha reta, mas sempre em órbitas elípticas, curtas ou vastas. São, necessariamente, cativos a um sistema principal.

Vêm e vão, vêm e vão.

Assim também alma, espírito[2], alma, espírito, alma, espírito, alma... (encarnado, desencarnado, encarnado, desencarnado...). Como num pêndulo circular (dia e noite): metade do giro visível; a outra metade, invisível.

Cada um de nós é também um astro criado por Deus e há tempos percorrendo distâncias universais. Desde nossa criação as órbitas evolutivas nos levaram a habitar num sistema solar, que caracteriza cada espécie.

Aos poucos, percorremos novas órbitas, cada vez mais em torno de um sol maior.

Pela multiplicidade de vidas, vamos acumulando nas respectivas órbitas – etapas reencarnatórias completas – vizinhanças fraternas ou rotas de colisão...

---

2. Em *O Livro dos Espíritos* Introdução, item 2, e à questão nº 134, Allan Kardec, zeloso com o emprego dos vocábulos, pedagogicamente considera que para efeito de entendimento, em suas obras a palavra "alma" designa o espírito encarnado. Sem o corpo físico (desencarnado), será apropriado denominá-la simplesmente de "espírito". (N.M.)

Tal é o roteiro de evolução terrena de cada espírito: gravitar por algum tempo em torno da estrela-guia, o Mestre Jesus, ao lado de outros irmãos.

Cada conjunto de espíritos compondo uma família, rumando para a luz, assemelha-se a um conjunto de planetas orbitando em torno de um determinado sol.

A família é de inspiração divina! E o conjunto de famílias forma a humanidade!

Se o conjunto de astros forma um sistema solar, o conjunto de sistemas solares forma a galáxia. E a soma das galáxias, o próprio universo – o astronômico, pois nada nos objeta imaginar que existem outros, já a partir de um segundo, o espiritual.

Não devemos nem podemos deixar sem registro o fato que sóis são estrelas.

Se de dia só vemos uma estrela, à noite a tela celestial deslumbra-nos a visão com milhares delas, cada uma mais brilhante que a outra.

Essa outra visão do céu é comparável ao mundo espiritual, invisível, mas que está lá, como parte integrante da imensidão universal.

Estamos falando da vida espiritual...

Cada espírito tem, em seu acervo existencial, um acumulado e abençoado número de familiares.

Dia virá em que estaremos todos numa única órbita, à volta de Deus.

Assim, abençoa tua família e vive nela com amor, pois essa é a finalidade da criação divina: a vivência plena e universal do amor.

Sejamos gratos a Jesus pela bênção do entendimento que sua luz-guia oferta a toda a humanidade, iluminando a rota para a felicidade.

Agradeço particularmente ao amigo Josué a oportunidade a mim concedida de estar abrindo as páginas de mais um dos seus valiosos depoimentos, extraídos de lições da vida.

Dulce

(Dulce é espírito que em outras oportunidades se serviu da psicografia do médium que ora labora nesta obra).

Primeira Parte

De volta...

– ONDE ESTOU?

– Entre amigos. No Abrigo Simão Pedro.

– Mas... quem é a senhora?

– Já disse, sou sua amiga. Meu nome é Adélia, mas me chamam de Lia.

– Não a conheço...

– Você apenas não se lembra, mas na verdade nós já nos conhecemos. Sei seu nome: Juventino.

– Deve ter visto minha ficha, não é isso? Mas desde quando a senhora me conhece?

– Você está se recuperando e por isso ainda se sente enfraquecido. Quando se fortalecer um pouco mais nós poderemos lhe explicar..

– Recuperar-me? De quê? Sinto-me muito bem. Senhora, por favor, insisto, onde estou? Que lugar é esse e como vim parar aqui?

– Estamos num lugar um pouco afastado do local de onde veio.

– Mas nem me lembro de ter vindo; aliás, nem mesmo imagino quem me trouxe. A senhora disse que estou enfraquecido. Como é que sabe? Por acaso é médica?

– Como disse, você está entre amigos e foram eles que o trouxeram, depois daquele período quando você esteve hospitalizado.

– Ah, sim, me lembro: estive doente por muitos anos. Minha família internou-me lá naquela cidade dos... tuberculosos, como diziam. Sofri por muito tempo até que um dia, lá no sanatório, os médicos diagnosticaram necessidade de cirurgia.

– Pois é, depois da cirurgia você esteve por um longo período vivendo grandes perturbações, até ser aqui acolhido.

– Então a cirurgia foi bem-sucedida. Graças a Deus! Graças a Deus!

– Sou auxiliar de convalescença nessa instituição e estava aguardando seu despertar para prestar-lhe os primeiros esclarecimentos e transmitir algumas orientações.

– Ótimo, ótimo. Assim que puder, por favor, chame minha mulher e meus cinco filhos. Embora eu não os veja desde que fui internado, quem sabe agora, sabendo que estou curado, eles venham me ver.

– Sim, sim, essa é uma providência que poderá ser atendida, só que um pouco mais tarde, depois que sua recuperação estiver consolidada e sua situação bem planejada.

– Planejada? Ora, ora, não sei há quanto tempo estou aqui, mas quero ver minha família. Isso é pedir muito?

– Não, claro que não. Apenas é preciso considerar que esse reencontro acontecerá no tempo certo.

– Desculpe, mas não entendi... o que é "tempo certo" para a senhora?

– Aquele tempo no qual tanto você quanto seus familiares estiverem em condições, de forma a não provocar nenhum tipo de recaída ou perturbação no seu estado geral.

– Olhe, senhora, eu não quero discutir, mas tudo isso está me parecendo muito estranho... muito estranho... se eu quiser sair agora, a senhora ou alguém vai me impedir?

– Tenha sempre em mente que está amparado por Deus, que é Pai misericordioso! Aqui ou em qualquer outro lugar todos nós temos o foco divino nos acompanhando, proporcionando-nos bênçãos infinitas. Como eu já disse, aqui é uma instituição de convalescentes e, no seu caso, ninguém irá impedi-lo de deixar esse ambiente. Mas me responda: para onde você poderia ir fraco desse jeito?

– Sim, sim, creio em Deus. Sou cristão. Mas eu já disse também que me sinto bem. Até posso me levantar.

Assim falando, Juventino tentou erguer-se da cama. Não conseguiu, pois foi acometido de súbita tontura.

– Eu não disse que você precisa de tempo para se recuperar?

– A senhora tem razão... começo a perceber que ainda não estou muito bem.

– Ainda bem que você se deu conta de que precisa se recuperar. Agora, descanse. Amanhã eu voltarei para continuarmos conversando e poderei repassar mais algumas informações para que você se sinta aqui integrado.

Adélia aproximou a mão suavemente à fronte de Juventino, num gesto delicadíssimo que lembra o carinho da mãe ao filhinho que vai dormir.

– Obrigado. Estou curioso por conhecer esse lugar e prometo que atenderei com atenção às normas daqui.

Presa de invencível sono, Juventino adormeceu. Não saberia dizer por quanto tempo. Mas, ao acordar, percebeu que a janela do seu quarto estava aberta e que a claridade solar invadia radiosa todo o ambiente, além de ouvir a grandiosa música "Alvorada", da ópera *Lo schiavo*, de Carlos Gomes. Isso lhe transmitiu a agradável sensação de ter passado uma noite de sono pacífico, conquanto sem lembrança de sonhos.

Adélia estava ao seu lado, olhando-o com grande ternura.

Juventino sentiu grande emoção invadir-lhe o peito. Aquele olhar, somado ao carinhoso gesto dela, antes de ele adormecer, segundo se lembrava, fizeram-no recordar de alguém, mas não soube precisar quem... Foi inevitável: lágrimas soltas, formando suave filete, umedeceram seu travesseiro.

Adélia tomou-lhe as mãos e com voz de inesquecível carinho disse:

– Bom dia!

– Bom dia, dona Lia. Desculpe minha fraqueza. Eu não choro sempre...

– Há lágrimas que são a voz do coração, como agora as suas. E isso jamais representou fraqueza, mas sim a força da fraternidade. Mas deixemos de falar disso e vamos orar, pois aqui é costume saudável fazer uma prece assim que o Sol chega e nos oferta as primeiras claridades.

Afastando suas mãos das de Juventino, Lia perguntou:

– Você me acompanha?

– Sim, com muito gosto. A senhora é quem manda.

"Deus, de infinito amor, graças damos pela bênção de mais um dia de luz e de paz. Jesus, amigo de sempre, permita que nesse dia possamos melhorar um pouco e que nossas realizações e pensamentos tenham uma base, por pequena que seja, nos seus ensinamentos."

Terminando a oração, Adélia explicou:

– Vou deixá-lo agora, para que você realize os primeiros cuidados matinais com a higiene. Mais ou menos em meia hora você receberá o seu café matinal, aqui mesmo.

– Será... que não vou ficar tonto, se levantar?

– Não pense nisso. Pense, firmemente, que já está se recuperando bem e jamais se esqueça de que Deus está nos amparando.

– Vou tentar.

Assim falando, Juventino se ergueu devagar da cama e com alegria notou que não sentira tontura. Adélia deixou o aposento.

De fato, cerca de meia hora depois, alguém bateu à porta.

Ao atender, Juventino teve uma das mais agradáveis surpresas e sentiu, de repente, talvez a sensação de maior intensidade de "toda a sua vida". É que uma jovem, de rara beleza e graça, trazia-lhe um pouco de mingau, algo fumegante, numa graciosa tigela.

– Olá, Juventino, aqui está seu café-da-manhã, ou melhor, seu mingau...

Juventino detestava mingaus. Detestava! Mas, vindo das mãos daquela beleza que andava e falava com ele, esqueceu isso. Foi até sonso:

– Oh, que bom! Tenho certeza de que está uma delícia.

Assim dizendo, aceitou a tigela e ingeriu o mingau.

Não teve nenhuma dificuldade nisso e, dessa vez, até gostou de verdade. Pensava: "Não acredito, eu ingerindo mingau. Mas, também, trazido por essa moça, tão linda, tão meiga, tão... Interessante: até parece que já a conheço..."

A jovem interrompeu esse devaneio e disse:

– Estou encarregada de repassar-lhe algumas instruções. Em primeiro lugar, informo que aqui todos trabalhamos e estudamos. Natural que tudo dentro da possibilidade e da vocação de cada um.

Juventino animou-se:

– Conte comigo. Mas, por favor, me responda a duas coisas: como é o seu nome e onde estão os outros doentes. Pela janela só vi muitos prédios, mas não vi enfermos...

– Meu nome é Enedine e logo você verá e poderá conversar com as demais pessoas que aqui vivem. Antes de tudo, devo informá-lo também que aqui não estão doentes, mas sim convalescentes...

– Que bom. Eu...

Juventino ficou um pouco pensativo, num silêncio que Enedine respeitou. Mas logo ele concluiu:

– ...sinto-me muito melhor hoje. As dores no peito já não me incomodam tanto...

Assim que pronunciou essas palavras, no mesmo instante, tossiu forte, levou a mão no peito e começou a gemer, com dores fortíssimas nos pulmões. Dir-se-ia que teve um súbito ataque oriundo de grave anomalia pulmonar. Tapou a boca, imaginando recidiva da hemoptise[3], causada pela patologia, aliás, que o levara a ser internado e permanecer por anos no hospital. Enedine socorreu-o, rapidamente. Colocando a mão na fronte dele, disse em tom enérgico:

– Afaste do pensamento a doença que o martirizou. Aqui você está em regime de recuperação e não é prudente se fixar no problema.

Após esse atendimento fluidoterápico, pelo qual Enedine transferiu a Juventino energias psicodinâmicas, ele se acalmou. Com os olhos injetados, não conseguiu deixar de fazer um reparo:

– Você disse que aqui não existem doentes... só convalescentes... como é que tive esse acesso tão dolorido?

– Cada coisa a seu tempo. Todos os que estão neste abrigo convalescem de doença pulmonar e estão se recuperando. Você entenderá, quando chegar o momento, que por aqui o pensamento é como uma usina que produz aquilo em que nos fixamos.

– Por falar em tempo, desde quando estou aqui? Não me recordo, em absoluto, como é que vim para cá e nem quem me trouxe...

– Você está aqui há cerca de três meses. E já vou lhe adiantando uma informação capital: aos que chegam é proporcionado um tempo mais ou menos longo de sonoterapia. Isso objetiva amenizar não só as conseqüências da transferência como também permitir que o tempo, o guardião da paz, acomode caso por caso, da melhor maneira possível.

3. Hemoptise: qualquer hemorragia do aparelho respiratório, descarregada pela glote e acompanhada de tosse. A tuberculose pulmonar produz a hemoptise. (Nota do Editor)

Fazendo pequena pausa, complementou:

– Você, que acaba de despertar, não será engajado de pronto em nenhuma atividade. Ficará em repouso, podendo passear pela área toda, o que lhe dará oportunidade de análises e meditações. Depois de algum tempo, quando se considerar apto, então poderá requerer o tipo de atividade que gostaria de desempenhar e qual o estudo mais adequado ao seu futuro.

Juventino estava bastante confuso.

As palavras de Enedine não responderam às suas principais indagações: como viera parar ali, quem o trouxera e onde estava sua família. Mas percebeu que ela não responderia, pois o convidou a um breve passeio.

Quando deixaram o quarto, só então Juventino percebeu quão fantásticas eram as proporções daquele estabelecimento, que ele continuava imaginando ser um hospital.

Após passarem por um longo corredor, cujo piso parecia ser de brilhante, por causa da beleza e luz que irradiava, chegaram a uma grande sala central, de distribuição da circulação. Chegando à porta de saída e entrada divisou uma escadaria toda de mármore verde, de "infinitos" degraus.

Deslumbramento indescritível se apossou de Juventino ao deixar o prédio, pois antes mesmo de descer pelos degraus divisou vários outros edifícios, todos cercados de água. Após descer, volveu o olhar para o prédio do qual saíra e viu que era tão grande como aqueles que sua vista alcançava, todos com muitos andares. A maioria dos prédios que pôde ver era das mesmas proporções "do seu" e tinha escadas iguaizinhas, que chegavam à avenida na qual ora pisava. Havia outros prédios, circulares.

A avenida, florida, descrevia grande curva, até se perder um pouco da vista, mas logo retornava, lá no horizonte, do lado oposto, dando a impressão de ser circular, e pelo jeito abarcava área de grandes proporções. Teve a nítida impressão de que os prédios eram parecidos com navios estacionados num imenso lago, ou, quem sabe, numa pequena baía.

Não era de todo descabida essa impressão.

Notou um detalhe interessante no prédio do qual saíra: o andar térreo era de um formato singular, como se fosse uma flor de dez pétalas, cada uma delas sendo um longo corredor, cujas janelas mostravam ser de quartos individuais.

Num luminoso à entrada do prédio constava: "Abrigo Simão Pedro".

Ao lado desse abrigo havia outro prédio, semelhante a um grande anfiteatro, com um letreiro: "Instituto Simão Pedro".

Juventino, dessa vez, nada perguntou, limitando-se apenas a apreciar tanta magnificência. A companhia daquela jovem tão bonita proporcionava-lhe emoções algo desencontradas, ora de deslumbramento, ora de atração, ora de respeito. Mas, todas, jamais sentidas com aquela intensidade.

Enedine, serena, calma, andando devagar, também nada falou.

Na caminhada, Juventino contou doze prédios iguais, cada um com placa luminosa à entrada, com os dizeres: "Abrigo João", "Abrigo Tiago", e assim por diante, todos com o nome dos Apóstolos. Ao lado de cada abrigo havia igualmente um anfiteatro e também letreiro com o respectivo nome do abrigo: "Instituto João", Instituto Tiago", e assim por diante.

Como ele demonstrasse ar interrogativo, Enedine explicou:

– Estamos na "Avenida dos Abrigos" e cada um deles é destinado, no primeiro pavimento, a hóspedes apresentando sintomas e necessidades semelhantes. A maioria dos andares hospeda alunos já mais antigos, adiantados nos estudos dos cursos que escolheram. Os prédios circulares, ao lado de cada um, são dependências nas quais esses hóspedes realizam estudos correlatos às suas características psicológicas e orgânicas.

Mais não disse e nem Juventino se sentiu encorajado a perguntar.

Na avenida já estavam outras pessoas, que os cumprimentaram e também estavam indo para a mesma direção que Enedine indicou. Ela e Juventino andaram cerca de dez minutos e logo chegaram a uma pequena alameda que dava acesso a um bosque de frondosas árvores. Tomaram o caminho, e Juventino admirava o tamanho das árvores e a quantidade de flores, além dos muitos pássaros cantantes. No centro do bosque havia uma praça circular, na qual havia muita gente, alguns sentados em bancos alvos, outros de pé, parados, outros mais passeando. E flores, muitas flores, todas perfumadas.

Não podendo mais conter a curiosidade, Juventino inquiriu:

– Pelo amor de Deus, diga-me que lugar é esse? Vejo tantas pessoas passeando em caminhada matinal, como nós, mas por que ninguém conversa? Por que apenas nos cumprimentam?

– Este é o "Bosque das Reflexões", algo assim como um ambiente em que cada um, passeando pelo exterior, na verdade está é fazendo uma viagem ao interior, à alma.

– Não entendi...

– Continuemos andando. Nesta praça, cada um dá quantas voltas quiser. Conceda à sua mente alguns minutos de harmonia, nada perguntando, nada imaginando. Apenas apreciando o ar matinal, o calor solar e essas horas tão agradáveis e reconfortadoras.

Juventino ensaiou um pequeno assovio, ao ouvir um alegre sabiá.

Enedine foi delicada:

– Até mesmo o canto dos pássaros, não tente nem imitá-los, nem retê-los na memória; apenas ouça e deixe que as delicadas vibrações sonoras alegrem o passeio.

Juventino ia dizer um irônico "sim, senhora" ante a delicada repreensão, mas Enedine fez um pequeno gesto, colocando o indicador atravessado nos lábios, como a sugerir "nada falar", "silêncio".

Respirou fundo e disse ainda:

– Ah!, ia me esquecendo: as flores daqui têm o perfume que cada um quiser, ou melhor, quem gosta de flores perfumadas é só pensar no aroma de que gosta e o sentirá.

Prosseguiram andando calmamente. Juventino, de vez em quando, olhava Enedine de soslaio, cada vez achando-a mais bonita. E mais atraente...

De repente, ouviram-se notas musicais de grande harmonia.

Juventino já ia perguntando quem tocava o piano, mas nem bem disse uma única palavra e ouviu agora violinos, violoncelos, instrumento de sopro (madeira e metal) e alguns de percussão. Uma orquestra!

Não agüentou e perguntou:

– Que música linda! Como se chama? Onde está a orquestra?

– *Greensleeves* [Folhas verdes], de autor desconhecido.

Enedine mais uma vez sugeriu silêncio, apenas com gestos.

Continuaram caminhando a passos devagar, em apenas uma volta.

Deixaram o bosque, pelo mesmo caminho e, aos poucos, a música foi diminuindo de intensidade até nada mais se ouvir.

Andaram por mais meia hora e Enedine sinalizou que deveriam retornar.

Passaram em frente ao bosque, mas dessa vez não entraram.

Um outro hóspede mais jovem que Juventino, vendo o casal passeando, acercou-se e dirigiu-se a Enedine:

– Olá, Enedine. Há tempos não a vejo. Podemos dar uma volta, só nós dois?

Enedine, delicada e gentil, desviou:

– Juventino, este é o nosso irmão Cirilo.

E dirigindo-se ao jovem que, mal-educado, nem sequer olhou para Juventino:

– Agradeço, mas não disponho de mais tempo.

– Amanhã, talvez?

Juventino não gostou dessa insistência. Já ia tomar alguma providência para afastar aquele atrevido, segundo julgou, quando Enedine se adiantou:

– Você tem um assistente e é com ele que deve caminhar. Essas caminhadas têm caráter essencialmente fraternal, evangélico, para proporcionar refazimento. Esteja com Jesus!

Assim desencorajado, só restou a Cirilo senão se afastar.

Quando Enedine e Juventino chegaram na escadaria de acesso ao prédio no qual ele estava alojado, só aí Enedine falou:

– Meu bom amigo, por hoje você já pôde receber o primeiro "curativo solar", isto é, esteve exposto ao ambiente reconfortador do Sol, do bosque, das árvores e das águas. Volte para seu quarto e descanse um pouco. Se não conseguir dormir, não tem importância. Aproveite, agora sim, para relembrar cada passo, cada minuto e cada cenário de onde esteve.

Em seguida, Enedine informou:

– Resido também neste abrigo, em outro pavimento. Vá agora. Eu ainda vou me demorar um pouco.

Fazendo sinal de despedida, acrescentou:

– Bênção incomparável como essa deve despertar gratidão a Deus. Faça orações, sempre, sempre.

Juventino, impulsivamente, tomou a mão de Enedine e insistiu:

– Dona Enedine, antes de me deixar, me diga ao menos onde estamos! Que lugar é esse? Já perguntei tantas vezes isso e ninguém me responde.

– O conjunto dos doze abrigos, como que formando um bairro dessa abençoada cidade, tem o nome de "Novos Caminhos".

De repente Juventino sentiu-se ridículo, chamando a jovem de "dona".

Então, mais por educação do que por qualquer outra atitude, não questionou a sugestão de Enedine para "ir para o quarto e descansar um pouco". Mas pensou: "como é que eu vou dormir se ainda é de manhã e eu estava dormindo até agora pouco?".

Cortês, aquiesceu ao que Enedine recomendara, mas perguntou:

– Qual é o número do meu quarto? Não me lembro de ter visto...

– Os quartos aqui não têm número. Na porta de cada um está gravado o nome de quem o ocupa. Vá agora e descanse um pouco.

Entrando, Juventino dirigiu-se para o corredor que imaginou ser o do seu quarto, mas de repente se lembrou de que vira, do lado de fora, os dez corredores, cujo acesso, notou, eram absolutamente iguais.

Parado no meio da sala central ficou indeciso, sem saber para onde se dirigir. Qual seria o corredor do seu quarto? Todos eram iguais...

Várias pessoas estavam sentadas em poltronas, lendo livros ou conversando. Sem saber a qual delas se dirigir, sentiu enorme alívio quando viu que Enedine voltou e, aproximando-se dele, indicou:

– Enquanto você não identifica qual o corredor do seu quarto, vá até o ponto central e automaticamente sua direção será indicada, inclusive a porta do corredor do seu quarto se abrirá e seu nome será pronunciado, convidando-o a entrar.

Obedeceu, meio desconfiado, meio sem jeito.

Ao ficar de pé no centro da sala, numa iluminada circunferência de um metro de diâmetro, logo a porta de um corredor se iluminou e ouviu:

– Juventino, queira fazer o favor de entrar. Jesus o abençoe!

Deslumbrado, dirigiu-se à porta aberta e foi andando, sem saber onde parar. Foi olhando para cada porta de quarto, e notou que em nenhuma delas havia fechadura, maçanetas ou indicação de quem era.

Ficou em dúvida, sem saber o que fazer.

Intrigado, experimentou abrir uma porta qualquer, para ver quem estava lá dentro. Triste surpresa: quando sua mão foi empurrar a porta levou um choque elétrico. No mesmo instante se afastou, assustado. Não contente, andou mais um pouco e insistiu na curiosidade em outro quarto. Mesmo resultado: choque elétrico desconfortável, antes mesmo de tocar a porta.

Continuou andando, devagar, até que, levando mais um enorme susto, viu seu nome aparecer iluminado e gravado numa porta que se abriu.

Com medo, cauteloso, adentrou, devagarzinho.

Reconheceu que ali era mesmo seu quarto.

Chateado, pensava no que fazer, pois não estava nem cansado, nem tinha sono. Foi até a janela e maravilhou-se com a limpidez das águas que vinham banhar o alicerce.

Sem alternativa, seu pensamento fixou-se na imagem de Enedine...

Acomodou-se no leito e repassou lance por lance o passeio que fizera com ela. Pensou: "nunca, em toda a minha vida, senti tanto bem-estar; se eu não fosse tão mais velho, com certeza me apaixonaria por ela...".

Adormeceu sem sentir.

Acordou depois de algum tempo, que para ele pareceu de apenas alguns minutos, com alguém batendo à porta.

Antes de abrir a porta, ouviu agradável música ("Intermezzo", da ópera *Cavalleria rusticana*, de Pietro Mascagni) e viu que um pequeno letreiro luminoso se acendera na parede frontal à cama: "Almoço".

Foi à porta para abri-la, mas aí se lembrou de que ela não tinha fechadura, nem maçaneta. Contudo, à sua aproximação, ela se abriu. Era Adélia que batia e que o convidou:

– Bom dia. Está na hora do almoço e, como é sua primeira refeição, vim aqui para acompanhá-lo ao refeitório.

– Bom dia, dona Lia. Interessante a construção deste prédio: portas sem fechaduras que se abrem e fecham mediante identificação do usuário, letreiros informatizados e música ambiente...

– Pois é, Juventino, além dos choques nos curiosos, não é mesmo?

No mesmo instante Juventino ficou ruborizado. Como é que ela sabia disso?

Como que adivinhando a pergunta que não fora formulada, Adélia observou, entre brincalhona e maternal:

– A curiosidade é a mãe de muitas criações boas, mas tem hora que ela é igual criança que perturba a paz e o respeito ao próximo. Aqui, por exemplo, cada quarto é exclusivo de um hóspede e só com permissão dele alguém pode entrar.

– Desde quando vocês usam por aqui esses recursos?

– Por enquanto só posso adiantar que há muito, muito tempo. E então, vamos ao almoço? Não está com apetite?

Só então é que Juventino se deu conta de que sim, estava com apetite.

Deixaram o quarto e no longo corredor muitas outras portas também se abriam e pessoas se dirigiram, como eles, para a sala central.

Em lá chegando, uma esteira ascendente levava a todos para o andar superior. Aí, seu espanto não poderia ser maior: muita gente reunida, centenas e centenas de pessoas.

Antes de deixá-lo Adélia informou:

– Pode se sentar onde quiser, não há lugar cativo. Esteja à vontade e sirva-se do que quiser.

Sentindo-se quase como um náufrago em ilha deserta, Juventino olhou para todos os lados e não teve coragem de escolher nenhum assento, dos muitos que estavam vagos.

Percebendo, porém, que não poderia permanecer para sempre de pé, resolveu perguntar para um grupo de três homens de meia-idade que passou por ele:

– Senhores, senhores, por favor!

Os três olharam-no com bondade e aquele a quem ele se dirigira cumprimentou-o:

– Olá, em que posso servi-lo?

– Eu... Eu... Quero saber onde estou...

– Ora, ora, você está no refeitório. Já almoçou?

– Não é isso, sei que estou no refeitório. Ainda não almocei. Mas o que quero saber é que lugar é este, isto é, que cidade é esta?

– Aqui se hospedam pessoas convalescentes e que se afastaram por algum tempo dos seus afazeres.

– Convalescentes? Mas eu não me sinto doente...

– É, às vezes nós adoecemos e nem suspeitamos.

– Mas o que todo mundo está fazendo aqui? Não vejo médicos, enfermeiros, remédios...

– Bem, neste nosso prédio estão turmas mais antigas de estudantes e turmas de candidatos aptos a em breve iniciar os estudos para a volta.

– Volta? Para onde?

– Para o seu destino, para darem continuidade ao que vinham fazendo.

– Não entendi.

– Façamos o seguinte: venha para nossa mesa assim que iniciarmos a refeição e poderemos prosseguir nossa conversa.

Juventino, aturdido com tudo aquilo e mais ainda pela falta de respostas objetivas às suas perguntas entendeu, naquele momento, que o melhor era mesmo aceitar o amável convite.

Em instantes uma suave claridade desceu do teto, todos fecharam os olhos. Juventino captou que aquele era um momento de oração. Coletiva.

A seguir, cada pessoa pegava um prato num balcão e mais adiante se servia dos alimentos disponíveis, fartos, variados. Mas cada vez mais atordoado, viu que a maioria dos alimentos era legume cozido.

– Aqui tem carne?

– Nunca vimos.

Optou por bolinhos fritos, salada e macarronada.

Só que, meio envergonhado, Juventino não conseguiu ingerir nem a metade do que se servira.

Os três senhores também já haviam almoçado e informaram:

– O alimento daqui é incomum: só um pouquinho já satisfaz.

Como os homens fizeram menção de se levantar, Juventino, explodindo de súbita ânsia que o acometeu, implorou-lhes:

– Gente, pelo amor de Deus, me respondam com clareza: como é que eu vim parar...

Não conseguiu terminar a frase. Sentiu tontura. Quando acordou, estava em seu quarto, Enedine a seu lado.

– Acho que desmaiei.

– É.

– Fiquei tonto.

– É.

– Aquela comida... era do que eu estava pensando...

– É.

– Não me leve a mal, mas tudo que eu digo você só fala "é".

– É.

– Outra vez, não. Pare de falar assim comigo. Tem uma porção de coisas que não entendo. Acho que estou maluco, ou que alguma coisa aconteceu com meu cérebro, pois as idéias estão ficando cada vez mais embaralhadas na minha cabeça.

– É.

Antes que Juventino pronunciasse qualquer outra palavra, Enedine atalhou:

– Aos poucos, todas as suas dúvidas serão esclarecidas. O que está acontecendo é que você é muito ansioso, muito agitado, chegando a se tornar exigente. Isso tudo não é errado, até porque nenhuma pessoa consegue, sem muito esforço, de uma hora para outra, controlar seus impulsos, suas tendências, acumuladas em tantas e tantas experiências de vida. Mas quando chegamos a um lugar estranho, no qual estejamos hospedados e sendo bem tratados, com respeito e atenção, a prudência aconselha que transformemos impulsos em observação muda.

Juventino absorveu a reprimenda. Envergonhou-se:

– Peço desculpas.

– Ora, ninguém tem nada a desculpar, senão você mesmo à sua consciência. Considero que já é hora de você ter uma grande lição quanto à convivência neste local: já ouviu falar da força do pensamento?

– Sim. Quem ainda não ouviu?

– De fato, todos já ouviram. Mas, nesta dimensão, essa simples frase adquire realidade. Por exemplo. Os alimentos que você viu no refeitório eram apenas uma projeção do que a maioria das pessoas pensava. O que ingeriu, inclusive, foi plasmado[4] por você mesmo...

– Por favor, não brinque comigo. Até aqui percebi que ninguém gosta de responder minhas perguntas, mas essa de agora, não mesmo! O pensamento não faz comida!

– Não pode, mas faz.

– Duvido!

4. Plasmar: criar algo por meio do pensamento manipulando o fluido cósmico. (N.E.)

– O pensamento emite ondas de energia que se espraiam na atmosfera, capturando matéria quintessenciada, as quais materializaram a imagem inicialmente formulada, com cor, densidade, calor, paladar etc.

– Mas isso é impossível!

– Claro que não é. O espírito é um prodígio da criação de Deus. E o corpo humano é uma máquina tão perfeita que os homens só não fazem maravilhas porque não crêem no poder que Deus coloca nas mãos deles.

– Que poder?

– O poder do pensamento! Que é força no universo todo, qualquer que seja a dimensão em que se encontre aquele que pensa! É energia pura, a sublime ferramenta da vida! Você terá aulas sobre isso.

Juventino trazia mais e mais perguntas na cabeça, pois cada vez mais tudo aquilo lhe parecia irreal. Pensava: "será que estou imaginando tudo isso? Será que estou sonhando?".

Como se adivinhasse tais pensamentos, Enedine disse-lhe com bondade:

– Querido amigo, não deixe sua mente se embrenhar num cipoal de incertezas ou dúvidas. Quando não conseguimos entender o que se passa à nossa volta é tempo de nos voltarmos para Deus e orar. A oração tem a chave de todas as portas, principalmente daquelas que têm fechaduras mais robustas e trancas sobressalentes.

– Você [agora Juventino livrou-se do "dona"] está me dizendo que eu me encontro num labirinto mental? Que estou perdido em divagações? É isso?

– Por que você não experimenta orar? Aos poucos as respostas irão se apresentando e logo você se sentirá melhor ao compreender as coisas que hoje causam desconforto à sua mente. Além do mais, quando oramos com a voz do coração, Deus sempre nos ouve e envia um anjo para verificar o que está acontecendo e, se é um pedido justo, dentro das possibilidades e merecimento, procede ao atendimento. Não havendo merecimento, ainda assim o amor do Pai é infinito e de uma forma ou de outra o auxílio chega, e aí o atendido fica na condição de devedor, cujo pagamento efetuará com obras no bem, quando se recuperar. Pela prece, qualquer porta fechada se abre, qualquer problema se soluciona.

– E se não houver merecimento?...

– Ainda assim o amor do Pai é infinito e de uma forma ou de outra o auxílio chega.

– Então, qual a vantagem de ter merecimento?

– O merecimento dá a paz de consciência e sem ele o atendido logo entenderá e reconhecerá isso. Aflito, pelo clamor da consciência que o alerta de que está em débito com a Providência, aflige-se em como pagar e é aí que, por nova bênção, a oportunidade e os meios lhe são dados.

– Se há essa dívida como é que acontece o respectivo pagamento?

– Oh! De várias formas. Porém, a melhor maneira é ajudando ao próximo, assim mesmo como foi ajudado.

– Só desse jeito ocorre o pagamento?

– Como disse, não há apenas uma forma. Quando o devedor não se esforça pela quitação, deixando de trabalhar com gratidão à Providência, e até mesmo acumulando novas dívidas, poderá ser visitado por uma excelente cobradora, para lembrá-lo.

– Cobradora? Uma mulher?

– A dor, Juventino, a dor. A dor, muito diferentemente do que pensa a maioria dos homens, na verdade não passa de um pedagógico instrumento de alerta e de restauração do equilíbrio de alguém que acumulou excesso de débitos, cuja infeliz escalada, se não for interrompida, com certeza irá trazer terríveis angústias e sofrimento por tempo indeterminado a esse alguém.

Juventino, fixado em si mesmo, voltou a questionar:

– Enedine, como orar sob tamanha pressão, como a que sofro neste momento, ou melhor, desde que cheguei aqui? E ainda mais "com a voz do coração", como disse você?...

– A pressão vem do seu modo de encarar a realidade.

– Realidade? Qual é a minha realidade? Acho que vou enlouquecer, se é que já não estou louco...

– Ah, Juventino, quanta teimosia... Repito que pela prece, qualquer porta fechada se abre, qualquer problema se soluciona.

Fazendo pausa, que Juventino respeitou, também ficando em silêncio, logo a jovem decidiu:

– Já que você não quer orar, eu vou fazê-lo e pelo menos peço que me acompanhe, com o pensamento.

Juventino recolheu-se ao mutismo e aguardou. Enedine fez a prece:

"Jesus, divino amigo, nós te buscamos neste instante e é em súplica que aguardamos tua luz para nossas almas aflitas. Que a tua sabedoria derrame bênçãos de entendimento sobre o nosso irmão Juventino e sobre todos os que aqui nos encontramos em estágio de recuperação. Dá-nos agora um pouquinho da paz de espírito que vem nos dando desde sempre e que nos deixaste há dois mil anos, mas que nem sempre soubemos merecer."

Já no meio da oração de Enedine o quarto começou a ser invadido por uma luminosidade azul-clara. Ao término da prece, tênue garoa também luminosa, vinda do teto, derramou-se sobre Enedine e Juventino.

Sentindo o toque sutilíssimo da garoa, Juventino chegou a passar a mão nos cabelos. Foi aí que algo jamais experimentado por ele então aconteceu. Em sua visão mental iniciou-se um filme no qual ele se identificou como o principal figurante: viu-se criança, adolescente e jovem. Viu seus pais e irmãos. Numa cena que jamais poderia imaginar, viu-se hospitalizado, com grave doença.

Na mesma hora sentiu forte dor no peito, parecendo que os pulmões iam explodir.

As cenas se sucediam, muito rápidas.

Viu-se chegando em uma cidade montanhosa, de clima frio. Carregado por enfermeiros adentrou numa grande edificação, toda cercada de um jardim cujos canteiros se apresentavam bastante floridos. O prédio se situava no meio de um bosque de grandes árvores, destacando-se araucárias, em que esquilos alegremente se fartavam de pinhões.

A seguir, captou que ali viveu por longos e sofridos doze anos e que aquela cidade, que lhe ofertava abençoada chance de continuar vivendo, para ele, naquele tempo, mais lhe pareceu um exílio, um desterro. Se por um lado deu-lhe uma sobrevida, por outro lhe negou viver em liberdade, pois seus dias ali foram como os de um encarcerado, numa cadeia invisível...

Quando essa sensação o alcançou, oprimindo sobremaneira seu peito, também lhe veio à memória, qual um raio, em intensidade e duração, o estribilho de um hino cívico que aprendera a cantar, quando estava nos primeiros anos escolares:

"Liberdade! Liberdade!
Abre as asas sobre nós
Das lutas, na tempestade,
Dá que ouçamos tua voz"[5].

Naquela época imaginou que gostaria de conhecer aquela mulher que voava... Sim, pois se ela tinha asas e falava, só podia ser mulher.

A última lembrança que tinha dessa cidade era um fato, muito comentado, de que um homem conseguira afinal ir ao topo da grande montanha de pedra, famosa em toda aquela região[6].

5. Trecho da letra do *Hino da Proclamação da República* do Brasil. (N.E.)

6. A referência é à Pedra do Baú, de São Bento do Sapucaí/SP, mas cartão-postal de Campos do Jordão. Essa pedra foi escalada pela primeira vez em 1944. (N.M.)

Num relance recordou que os familiares, pobres, não ficaram com ele nesses anos todos em que permaneceu naquela cidade. Aliás, de início, tinham ido algumas vezes visitá-lo, mas conforme o tempo foi passando, as visitas foram rareando. E mais: saindo daquela cidade, viu-se transportado, às cegas, para triste região na qual permaneceu por anos, sem saber ao certo quantos: talvez cinco, mas que lhe pareceram cinqüenta, imaginou.

Em cena de impacto e igualmente instantânea, viu-se chegando pelo alto ali, onde estava agora hospedado, pois divisou os inumeráveis prédios, todos edificados às margens de um grande lago circular – aquele mesmo lago em volta do qual passeou com Enedine. E a avenida: inconfundível!

Pensou: "que lugar horrível era aquele de onde vim e como é que cheguei aqui pelo alto, se não vi nenhum avião e nem mesmo me lembro de ter viajado num deles?..."

Terminou o breve "filme mental". Estupefato, captou que o filme todo fora passado em sua mente, em apenas alguns segundos.

Enedine anunciou:

– Vou deixá-lo com suas reflexões. Procure descansar. Mais tarde virei buscá-lo para mais um passeio.

Juventino não se encontrava em condições psicológicas de falar.

Com olhar mergulhado num ponto indefinido, fora da janela, na amplidão do céu, àquela hora muito azul, mergulhou mesmo em reflexões.

Perturbado, procurou concatenar tudo de que se lembrava, acrescido agora daquelas cenas das suas "duas vidas", como pensava. Sim, duas vidas, sendo a primeira desde criança até casar e ser pai por cinco vezes, e a segunda, quando foi "desterrado" naquela cidade fria, de tantas flores e árvores. Quanto a tal cidade, ao se lembrar dela, teve dois sentimentos contrários: um, de agradecimento, pois entendeu que naquela paisagem, e só nela, com seu clima restaurador e abençoado, obteve "uma segunda vida em vida"; mas o outro sentimento era de antagonismo, pois paralelamente foi condenado a viver ali, sem poder deixá-la, o que o fizera morrer para a "primeira vida".

Em Juventino foi tomando vulto uma realidade que ele desenhou em sua mente, pois algumas coisas não lhe deixavam dúvidas: sofrera por muitos anos com doença grave e, então, afastou-se da família para tratamento, por recomendação médica, sendo essa a única alternativa para sobreviver, indo para outra cidade. Nessa cidade, da qual muito pouco conheceu, conseguiu mesmo viver por muitos anos, mas em compensação, praticamente perdera a família. Além disso, em algum ponto obscuro do cérebro, algo dizia que ao sair daquela cidade e antes de vir parar ali, onde agora convalescia, estivera em local inóspito, perdido, em que teve permanentes pesadelos, voltando a sofrer muito. Atualmente estava em regime hospitalar; como se sentia recuperado, era de fato convalescente, como por mais de uma vez já lhe haviam dito.

Ao se lembrar da doença pulmonar, de novo dor aguda sentiu no tórax. Ia pedir socorro, algum remédio, quando se lembrou das palavras de Enedine, sobre a prece: "(...) quando oramos com a voz do coração, Deus sempre nos ouve e envia um anjo para verificar o que está acontecendo e, se é um pedido justo, dentro das possibilidades e merecimento, procede ao atendimento. Não havendo merecimento, ainda assim o amor do Pai é infinito e de uma forma ou de outra o auxílio chega, e aí o atendido fica na condição de devedor, cujo pagamento efetuará com obras no bem, quando se recuperar. Pela prece, qualquer porta fechada se abre, qualquer problema se soluciona."

Decidido a fazer um "teste" na sua capacidade em falar "com a voz do coração", experimentou: pensou em Jesus, lembrando-se de como desde criança se impressionara com a tristeza do Calvário. Pensou ainda que sentiu tanto dó de Jesus, quando ouviu a história dos últimos momentos do Cristo, que se pusera, então, a chorar copiosamente, moído de pena da dor que ele deve ter sentido. *Que maldade: ninguém teve a coragem de dar um remédio para passar a dor de Jesus.*

Sem perceber, seu pensamento levou-o a uma cena mental na qual ele ajudava Jesus.

Nesse momento, sem que dissesse uma única palavra, sentiu um grande alívio na dor do peito.

Rápido, a dor cessou. Adormeceu. Suavemente.

Quando acordou, Enedine estava ao lado da sua cama, em companhia de um senhor de cabelos grisalhos. Ambos o cumprimentaram amigavelmente. O homem apresentou-se:

– Sou o doutor Jonas, sou médico.

– Prazer em conhecê-lo.

No instante em que viu o médico, Juventino simpatizou com ele. De fato, Jonas irradiava fraternidade, pela expressão serena. Juventino teve a mesma impressão quando viu Enedine pela primeira vez: "de onde conhecia aquele médico?"

Enedine tirou-o do devaneio:

– O doutor Jonas está aqui para realizar alguns exames em você.

Juventino agradeceu:

– Que bom! Muito obrigado. Tenho sentido fortes dores no peito, só que de vez em quando.

– Vou deixá-los agora – disse Enedine, saindo.

A sós com o doutor, Juventino não sabia o que dizer ou o que fazer.

Decidiu perguntar:

– Será que, finalmente, o senhor poderá me dar algumas respostas?

– Claro, claro, mas primeiro vamos realizar alguns exames, está bem?

Assim dizendo o doutor Jonas se acomodou numa cadeira e estando Juventino à sua frente, também acomodado, iniciou um descontraído diálogo, perguntando-lhe sobre fatos antecedentes à chegada naquela instituição, pediu detalhes de sua família, de suas principais realizações, de sua profissão, dos amigos, da saúde etc.

O médico anotou várias informações prestadas por Juventino.

Ao término das anotações, disse, em tom amigo:

– E agora, o que você quer saber?

Juventino respirou fundo. Sentiu uma grande euforia íntima, porque, segundo imaginou, chegara a grande hora de ter respostas para tantas e tantas perguntas que "ferviam" no seu peito.

Iniciou, interrogando:

– O senhor é diretor daqui?

– Oh, não, não sou mais que um simples voluntário. Talvez você entenda melhor o que quero dizer, se eu lhe contar que, no momento, sou o hóspede que está aqui há mais tempo. Só isso. Sou o mais velho também.

– Quem, então, manda aqui?

Jonas não se conteve e respondeu, com um ameno sorriso:

– É Jesus!

Juventino, de repente, captou que mais uma vez não seria contemplado com respostas objetivas. Meio desconfiado, reforçou:

– Não estou dizendo de religião, mas de responsabilidade administrativa. Será que o senhor pode me dizer quem é o responsável por tudo o que acontece por aqui?

– Claro que posso: cada um responde por seus atos...

– Ora, doutor Jonas, não estou brincando. Parece que o senhor vai me enrolar, como tantos outros já fizeram... O que eu quero saber é apenas como vim parar aqui, quem me trouxe. Aliás, quem é o dono de todos esses prédios?

– Na vida, meu caro Juventino, há tempo para cada acontecimento, cada fato, cada novidade, cada ensinamento. Deus nos contemplou com a inteligência para que ela seja utilizada permanentemente, de forma a que cada um de nós trace o próprio roteiro. Traduzindo o que acabo de dizer, com toda certeza você já deve ter notado várias mudanças no seu viver, no seu dia-a-dia, não é mesmo?

– Se notei! E quantas!

– Pois é. Daquilo que já observou, pode iniciar a formação de um quadro da situação atual e não será difícil logo compreender que se encontra numa nova fase da sua vida.

– É justamente isso que está me deixando louco. Não conheço ninguém por aqui e nem sei como vim parar por essas bandas. Ao menos isso, será que o senhor pode, pelo amor de Deus, me responder com clareza?

– Sim, não há problema nenhum em dizer a você que amigos o trouxeram, tirando-o de um local muito infeliz, onde vivenciava uma condição muito desconfortável.

Assim dizendo Jonas levantou-se e impôs a mão direita sobre a fronte de Juventino, que, num gesto reflexivo, fechou os olhos. Mas justo de olhos fechados foi que começou a ver cenas bastante esclarecedoras: viu a si mesmo cambaleante, trôpego, gemendo, numa região pantanosa, de pouca claridade. Tinha por companhia também várias outras pessoas, todas sofrendo, dado que muitas choravam, com dor; outras praguejavam; outras blasfemavam.

O clima era de infelicidade geral e revolta...

Juventino não viu nenhuma marcação de tempo, mas de forma misteriosa, novamente teve impressão que ali estivera por vários anos...

Muitas vezes fizera pedidos aos céus para que o tirassem dali. Nunca fora atendido.

Até que, certa vez, quando o frio quase o impedia de respirar e o peito doía cada vez mais, lembrou-se de que sua avó materna, numa temporada de férias escolares, o levara para passar uma semana na fazenda dela. E lá, também nas noites tão frias, na hora de dormir, a avó lhe agasalhava com gostosas mantas, dizendo sempre: "Deus aqueça seu coração".

Ao ter essa lembrança, tão querida e distante, Juventino viu-se chorando e de joelhos clamando:

– Deus, não agüento mais o frio, deixa minha avó Marieta me dar uma manta, uma só, nem que seja usada...

Na seqüência, eis que de repente surge ali uma forte luz e Juventino, quase cego com a claridade, divisou uma equipe de padioleiros. E, bênção das bênçãos: com os padioleiros, viu sua avó que, se dirigindo a ele, passou a mão suavemente na sua cabeça, envolvendo-o mesmo com uma manta, fazendo-o adormecer.

Nesse ponto da visão Juventino como que despertou.

Jonas olhava-o, calmo.

Nenhum dos dois disse palavra, mas Juventino tinha a estranha certeza de que Jonas vira tudo aquilo que ele acabara de ver.

Jonas levantou-se e se despediu:

– Você tem material para muitas reflexões. Aproveite mais essa outra bênção que Jesus acaba de lhe conceder.

De fato, Juventino não adormeceu e ficou horas e horas remoendo todas aquelas lembranças. De alguma forma, sentiu-se impedido de continuar perguntando a todo instante... Na sua mente brotou um valioso pensamento de como proceder dali em diante: passaria a observar com bastante atenção tudo o que estava à sua volta e procuraria encontrar as respostas, ele próprio. Intuiu que, de forma direta, objetiva, ninguém ali lhe responderia nada que perguntasse, ao menos a seu respeito.

Conforme prometera, Enedine convidou-o para novo passeio.

E muitos outros, nos dias seguintes.

E assim transcorreram várias manhãs, tardes e noites, iguais, com as mesmas atividades: de manhã, caminhada pelo bosque, à tarde, descanso (sonoterapia) e à noite, reunião num grande auditório, onde às vezes apenas se ouvia música, outras vezes peças teatrais com teor evangélico ou então palestras, também de cunho religioso, enfatizando sempre fatos da vida e dos ensinos de Jesus.

Juventino sempre fora afável no trato, no entanto, por ali ainda não conseguira consolidar uma amizade expressiva. Conversava, sim, com uma e outra pessoa, mas com nenhuma sintonizara pensamentos, ideais, projetos.

Só com Enedine se sentia feliz. Imensamente feliz. E infeliz, toda vez quando ela o deixava e por dois ou três dias não a via.

Em seu coração crescia um sentimento por Enedine, que ele próprio não conseguia explicar: ele era um homem maduro e ela muito jovem. Ela transitava por ali com muita desenvoltura, totalmente integrada ao ambiente e ele se sentia um alienígena. Nada sabia da vida dela. E nem pensava em perguntar, pois o que mais o martirizava naquele ambiente era o tanto de perguntas que tinha feito e de respostas que não obtivera...

Admirava a simplicidade daquela moça tão bela e a inteligência superior que demonstrava, quando discorria sobre as coisas da natureza, da vida, de Deus e inapelavelmente, todos os dias – muitas vezes ao dia – sobre Jesus.

Até que, decorrido quase cinco meses de convivência, determinou para si mesmo que era chegada a hora de obter respostas claras ou então... iria embora dali.

Tal decisão era forte, audaciosa, definitiva...

Saindo a passeio com Enedine, nem bem começaram a caminhar, ele estancou. Olhou fixo nos olhos dela e disparou, incisivo:

– Enedine, se você tem um mínimo de consideração por mim, este é o momento inadiável de me ajudar.

A maioria de nós outros, no lugar da jovem, talvez até nos magoássemos com essa ingratidão, pois Juventino vinha sendo amparado por ela há bastante tempo. Não obstante, sem qualquer ressentimento, Enedine respondeu, afável:

– Sim, Juventino, farei isso com muita alegria.

– Há meses estou aqui e até agora não consegui entender muitas coisas.

– Sim...

– Pois é, preciso saber exatamente o que está se passando comigo, senão vou surtar.

A ameaça, como, aliás, todas as ameaças, era de todo descabida.

– Não se deixe envolver por pensamentos como esse, do contrário haverá prejuízo para sua paz.

– Prejuízo para minha paz?! Você está brincando? Por favor, não divague nem desvie meus pensamentos. Quero que você me diga, com toda sinceridade: como é que vim parar aqui? Quem me trouxe e por quê? E esta hospedagem, se não conheço ninguém, quem decidiu sobre minha vinda? Não me diga que "amigos me trouxeram". Quero saber o nome deles. Mais até: quero vê-los.

– É natural você estar confuso pois deixou sua alma se intoxicar por algumas perdas...

– Ah, por favor, essa não! Outra vez você sai do assunto. E quanto a perdas... Que perdas, Enedine? O que eu perdi?

– Reflita comigo: você não se lembra da sua família? Pois faça um esforço e comece por relembrar da sua vida, desde criança.

– Nossa! Você tem razão: esqueci dos meus pais! Como é que pode?

– Muito bem. Já que se lembrou deles, procure agora rememorar apenas os momentos felizes que passaram juntos.

– Oh, sim, recordo de papai e mamãe.

Nesse momento, Juventino deu um grito de angústia e exclamou:

– Mas o que é isso?! Acabo de me lembrar que noite dessas sonhei com eles e não sei dizer como é que acordei com certeza de que eles choravam. Estavam desconsolados, pois algo os afligia muito... E era a meu respeito...

– Sonhos, Juventino, são abençoadas oportunidades que Deus nos concede de podermos visitar aqueles com os quais temos sintonia, afinidade, amor. Se forem seus pais não será difícil você buscar na memória recordações da vida no seu lar.

– É isso mesmo. À medida que você fala começo a ter lembranças da minha casa e da minha vida lá, com meus pais.

– Ótimo. A partir desse início, você já tem material para muitas outras recordações. Por enquanto, imagino que apenas estas já ocuparão seus pensamentos.

– É estranho, mas não consigo mesmo dirigir meu pensamento à minha esposa e aos meus filhos, só aos meus pais, a minha infância e juventude...

– Não se preocupe. Em breve, dependendo de como você administrar sua estadia aqui, as lembranças irão fluindo automaticamente e sua memória abrirá à sua vista mental todos os acontecimentos que culminaram com sua chegada. Só mais uma coisa sobre os sonhos: quando dormimos temos liberdade parcial e assim como encontramos com amigos, por vezes encontramos com inimigos. Quase sempre, eles é que aguardam nosso sono para tentar ajuste de contas. Por isso, recomendável é que sempre façamos uma oração antes de dormir, rogando proteção aos bons amigos espirituais e nos colocando à disposição deles para de alguma forma podermos ser úteis, mesmo dormindo.

Mostrando que não mais deveriam falar sobre aquele assunto, Enedine conclamou:

– Agora, convido-o para uma caminhada, em pleno silêncio, deixando os questionamentos guardados no armário do futuro, quando o tempo o abrirá e responderá, um por um. E então, vamos?

Juventino entendeu que não poderia prosseguir no interrogatório. Aliás, pensou, "já estou percebendo que por aqui as coisas são meio devagar e não adianta tentar obter respostas, pois todo mundo sai pela tangente..."

Enedine complementou:

– Como nossos pensamentos são incessantes, busquemos pensar em coisas agradáveis, que nos tragam paz. Sugiro que façamos um roteiro no *Evangelho*, refletindo sobre cada uma das bem-aventuranças que Jesus nos ensinou a conquistar.

Seguiram os dois por quase uma hora e quando retornaram Juventino trazia o peito sobre pressão, pois embora se esforçasse, não conseguira pensar em Jesus, senão por dois ou três instantes. Sua idéia estava fixada em desvendar o mistério que envolvia sua vinda e permanência ali.

Retornando sozinho ao seu quarto, assim que adentrou nele sentiu invencível sonolência. Dormiu e sonhou. Ao acordar se lembrava com nitidez do sonho. Com enorme espanto foi até ao banheiro e lá procurou molhar o rosto, para ter certeza de que não mais estava sonhando.

Começou a rememorar o sonho, já que esse sonho explicava o sonho anterior, a partir de quando viu seus pais aflitos. Além destes, viu ainda quais os acontecimentos que determinaram sua vinda para ali: primeiro, viu-se com muita falta de ar, com fortes e insuportáveis dores no peito; logo, estava num hospital, internado; não tendo o que fazer, o tempo todo, aprendeu datilografia e sempre ajudava a escrituração daquela instituição hospitalar; teve acesso à biblioteca, onde "devorou" por mais de uma vez uma enciclopédia inteira; não saberia calcular quanto tempo permanecera ali, mas muitos anos depois sua doença agravou e foi operado. Também pelo clima reconheceu, no sonho, que estava ainda naquela cidade florida, que sofreu uma cirurgia e a seguir viu seus pais chegando para visita e não conversaram com ele, pois o médico que o operara proibiu qualquer esforço da parte do paciente... Sua mãe chorava copiosamente e seu pai também não conseguia esconder as lágrimas que rolavam, silenciosas, ardentes, plenas. De repente, foi ficando noite, mas sabia que ainda era dia, e quando a noite chegou, isso em menos de alguns segundos, viu sua avó chegando na enfermaria e, pegando na sua mão, ajudou-o a erguer-se da cama e levou-o dali. Pensou, mesmo no sonho: "engraçado, vovó até parece uma lanterna acesa, pois o corpo dela tem luz por dentro". Pouco depois de sair do hospital, sempre protegido pela avó, viu que ela conversava com algumas pessoas. Logo essas pessoas se aproximaram e o convidaram a tomar assento num veículo estranho.

Relembrando o sonho, Juventino raciocinou e desesperou-se, pois entre as pessoas conhecidas da avó estavam Enedine e o doutor Jonas, com outras.

Prosseguiu na lembrança do sonho e recordou-se que o desespero o alcançou em nível insuportável quando, vendo o médico, imaginou que ia para nova cirurgia. Então, viu claramente que quase agrediu dois enfermeiros que o ajudavam a se instalar no veículo, pois, em pânico, com gestos violentos empurrou-os e saiu em desabalada carreira, adentrando na escuridão da noite, e justo ali foi que tiveram início os piores momentos de "toda a sua vida", pois permanecera vagando, zonzo, sem rumo, sem companhia alguma, com grande perturbação e com todas as suas necessidades fisiológicas não atendidas. Sim, sentia fome, frio e dor.

Nesse retrospecto do sonho, voltou a refletir e a recordar que estivera mesmo sofrendo dessa forma tão cruel talvez por uns cinco anos, ou mais.

Outra evidência: quem o tirou daquele terrível ambiente foi sua avó, de novo sua avó, só que, dessa vez, ele não fugiu e isso até foi bom, pois foi trazido para o local no qual agora se encontrava.

Nesse instante, um clarão de realidade visitou sua mente: "então foi assim que vim parar aqui; agora sei por que tive a impressão de conhecer Enedine e o doutor Jonas; imagino que vovó encomendou minha estadia e está pagando tudo; é para eu me recuperar daquelas dores horríveis no peito".

Nesse preciso momento não conseguiu impedir que um grito lancinante saísse do seu íntimo:

– Por Deus! Vovó morreu antes de eu ficar doente e ir para aquela cidade fria, nas montanhas! E se ela morreu, foi me buscar e me trouxe para aqui, isso quer dizer, com toda certeza que eu também morri!.

O solar da vida e do tempo

JUVENTINO CAMBALEOU. Com grande esforço para não cair, agarrou-se ao beiral da cama. Sempre com dificuldade, conseguiu deitar e com isso se sentiu um pouco melhor. A mente fervilhava, diante do assombroso impacto por ter se envolvido com o desconhecido, com a morte...

Não conseguiu arrumar as idéias, pois sua mente mais parecia uma panela com óleo quente, em que elas estalavam desordenadas quais pipocas saltando, como se estivessem em fuga desesperada.

Voltou a sentir sono irrefreável.

Adormeceu.

Naquela abençoada instituição a sonoterapia era empregada até de maneira automática, pois a cada desequilíbrio dos hóspedes, a atmosfera o demonstrava num painel geral. E, ato contínuo, enfermeiros especializados, plantonistas atentos, emitiam radiações dirigidas a esse hóspede, fazendo-o adormecer.

Quando acordou, sem saber quantas horas havia dormido, sentiu um grande conforto ao ver Enedine ao seu lado.

Sempre Enedine, quando despertava...

E despertar dessa forma, para ele, já estava se tornando uma feliz rotina: carinhosa ela alinhava seus cabelos, neles tocando com grande suavidade. Ele exclamou:

– Graças a Deus, você está aqui, pois acho que tive um surto de loucura... Pensei que tinha morrido...

– Nada disso, Juventino, nada disso. É chegado o tempo de você obter respostas.

– Oh, que bom. Eu só queria saber...

– Nada, nada – interrompeu-o Enedine, esclarecendo: – nada de perguntas agora. Vou acompanhá-lo a uma pequena visita no "Solar da Vida e do Tempo".

– Onde fica?

– Hum... não acabei de dizer que nada de perguntas?

– Desculpe-me.

– Venha comigo.

Saíram e Enedine conduziu Juventino para o prédio circular, alto, muito bonito, vizinho àquele onde estava hospedado: o Instituto Simão Pedro.

Ali chegando adentraram, alcançando o átrio, em cujas paredes estavam expostos belos quadros de pintura em tela, de vários tamanhos, todos com molduras luminosas.

O cenário era deslumbrante e todo envolvido por música suave.

Sempre perguntador, Juventino quis saber que música era aquela.

– O nome é *Cantata nº 156*, arioso, de Bach – respondeu Enedine, baixinho.

Juventino levou um grande susto ao se aproximar do primeiro quadro, que se iluminou e a imagem nele impressa se movimentou: era um sol radiante, que passou a descrever um arco na paisagem. Em poucos instantes foi do nascente ao poente, isto é, do amanhecer ao crepúsculo. Quando o Sol percorreu os cento e oitenta graus da abóbada celeste, repetindo a rotina que há mais de quatro e meio bilhões de anos executa,desde a criação da Terra, imobilizou-se.

– Por Deus, Enedine, o que é isso?

Como resposta, ela com delicadeza conduziu-o ao segundo quadro, agora o céu, com a Lua e as estrelas, milhares delas. Impressionado, Juventino identificou nesse quadro Vênus[7] – a primeira "estrela" a brilhar ao anoitecer e última a desvanecer pela manhã –, depois, dentre milhares, em particular, as "Três Marias", "Sírius" e finalmente, o planeta Marte. Sabia o nome dos astros celestes, pois quando estivera internado por tantos anos naquela cidade tão fria, junto com outros enfermos costumavam ficar horas e horas, nas noites menos frias, contemplando o céu, ali nas montanhas, tão salpicado de estrelas. Com o tempo e graças ao conhecimento de alguns, aprendera um pouco de astronomia.

Assim que Juventino chegou mais perto, outra vez a surpresa: iluminação automática e a figura da Lua, em "minguante", que começou a mover-se, bem como as estrelas, essas quase imperceptivelmente... Logo a Lua ficou em "quarto crescente", depois "cheia" e quando se mostrou "nova", já com poucas estrelas visíveis, a alvorada sinalizou palidamente. O dia amanheceu e os astros se imobilizaram.

Numa seqüência de vários quadros, viu um grande lago, que suave brisa fazia ondular; depois choveu muito e o lago transbordou; a seguir o lago congelou e por fim o Sol incidiu sobre o gelo e, derretendo-o, fez as águas retornarem à ondulação do primeiro quadro.

Em novos quadros, viu uma semente dentro da terra, que brotou, virou árvore, deu frutos e depois virou semente de novo.

Continuando, viu uma montanha coberta de neve, depois sem neve, a seguir ficou coberta de exuberante vegetação rasteira e flores, logo voltando a neve a cobri-la.

7. Visto da Terra, Vênus é o astro mais luminoso do céu, depois do Sol e da Lua. Embora sendo planeta, muitos o confundem com estrela. Recebe o nome popular de Estrela Vésper, Estrela Vespertina, Estrela Matutina, Estrela d'Alva e até o apelido de Estrela do Pastor. (N.E.)

De forma algo imprecisa, Juventino atinou que os quadros que acabara de ver simbolizavam os climas terrenos.

Enedine, apenas com o olhar, sinalizou convite para uma visita a outra galeria, vizinha da que se encontravam.

Juventino seguiu-a encabulado, cismarento...

Alguma coisa dentro da sua mente induziu-o a nada mais perguntar e aguardar o que estivesse por vir. E veio, bem depressa: Enedine levou-o a uma nova exposição de quadros.

Ainda sem entender aonde aquilo iria levá-lo, Juventino observou que nessa segunda galeria os quadros retratavam imagens de pessoas.

Logo o primeiro mostrava um bebê. Dessa vez, além da criança movimentar-se, ainda ouviu-se o seu choro, característico de que acabava de nascer.

Juventino, vendo Enedine prosseguir, seguiu-a e ela parou defronte ao próximo quadro que mostrava, com movimentos, aquela criança, lá pelos seus sete anos, entrando numa escola. Sempre com movimento e iluminação, quadro a quadro, a mesma criança aparecia como adolescente, saindo daquela escola e entrando em outra. Em outro quadro, já jovem, de novo saindo da última escola e entrando em outra. À frente, então adulto, trabalhando. Aí, adentrando na chamada "terceira idade" (acima dos sessenta anos), aposentando-se. Depois, com os olhos fechados, idoso, atravessava uma porta indo ter a um local bem iluminado. Seguindo, novo quadro, com a mesma pessoa que saía dessa porta, abria os olhos e para enorme espanto de Juventino, transformava-se novamente no bebê recém-nascido...

Alguma coisa começava a clarear, em Juventino, o significado de tudo aquilo que acabara de ver.

Já não mais estranhava o fato de os quadros se iluminarem à sua aproximação e logo perderem tal luminosidade, assim que ele se afastava.

Enedine, ainda sem nada dizer, tomou-o pela mão e deixaram aquela galeria, subindo lentamente por uma longa escada, indo ter a uma outra.

Ali, Enedine, dessa vez, não se moveu.

Num gesto que sinalizava opção, deixou Juventino escolher o que fazer.

Juventino olhou para a jovem, meio ressabiado, mas se decidiu. Por conta própria, faria aquele pequeno *tour*, examinando quadro por quadro.

Uma placa, à entrada, iluminou-se quando ele chegou perto. Dizia:

"Há um momento para tudo, e um tempo para todo propósito abaixo do céu".

Como as anteriores, as figuras retratadas nessa galeria também se movimentavam à simples aproximação de Juventino. E esses "quadros dinâmicos", mostravam personagens vivenciando, em seqüência, algumas situações proclamadas no Eclesiastes[8]:

"Tempo de plantar, e tempo de arrancar a planta.

Tempo de construir, e tempo de destruir.

Tempo de chorar, e tempo de rir.

Tempo de abraçar, e tempo de separar.

Tempo de buscar, e tempo de perder.

Tempo de calar, e tempo de falar."

O último quadro, do dobro do tamanho dos outros, estampava:

"Tempo de nascer, e tempo de morrer."

De espanto em espanto, Juventino viu, cada vez mais perplexo, que os personagens desse último quadro – um bebê recém-nascido chorando e um homem de meia-idade que levitou e desapareceu – eram ele!

---

8. Eclesiastes: 3. (N.E.)

Na hora, não atinou e nem teve condições para raciocinar como é que ele poderia ter se identificado com o bebê e, ainda mais inexplicável, o fato de que ao nascer bebês não mostram necessariamente a fisionomia que terão ao se tornarem adultos...

Praticamente em transe, olhava para Enedine e para o quadro, para o quadro e para Enedine. A jovem, com um sorriso sereno, não demonstrava surpresa. Nada dizia. Juventino também nenhuma palavra pronunciava, mais por estar em estado de choque.

Desanuviando o clima, Enedine tomou-lhe as mãos e saíram da galeria.

Desceram as escadas, deixaram o prédio por uma saída lateral e andaram, de mãos dadas, sem nada dizer, por cerca de meia hora.

Passaram por vários prédios e num deles Enedine indicou que deveriam adentrá-lo. Antes, não mais podendo conter o tumulto psicológico que quase dilacerava-lhe a mente, Juventino explodiu:

– Enedine, pelo que há de mais sagrado, apenas me diga se eu estou morto.

Antes de ela responder, ele próprio "explicou" a pergunta:

– Por Jesus, como posso estar morto se estou aqui andando com você?

E suspirando fragorosamente:

– Acho que vou enlouquecer, ou melhor, já estou louco.

Com delicadeza Enedine colocou a mão no peito de Juventino e num afago singelo beijou-lhe a fronte e disse:

– Juventino, você tinha tantas perguntas e os quadros vistos há pouco lhe deram todas as respostas. Você não compreendeu o sublime recado das gravuras dinâmicas? Só quando o hóspede reúne condições de tomar conhecimento de tudo aquilo que é mostrado é que pode ser levado a visitar aquelas galerias... Foi o doutor Jonas que me pediu para acompanhar você até lá.

E, com um sorriso tranqüilizador, complementou:

– Eu também passei por isso. Todos os que aqui estão passaram ou passarão, mais cedo ou mais tarde.

– Acho que entendi... mas estou com medo da verdade...

– Veja tudo isso por um ângulo simples: a verdade sobre a nossa existência é que somos imortais, graças a Deus, que assim nos criou. Quanto à vida, ela mais não é do que um curso ininterrupto de aprendizados, num dos quais estamos sempre matriculados. Como qualquer aluno, à medida que obtemos aproveitamento numa escola, somos transferidos para outra. E, entre cada série das diversas séries de cada escola, estagiamos em outro plano de ensino.

Fez pequena pausa e prosseguiu:

– Para ir à escola cada aluno freqüenta a série com uniforme que ele próprio constrói e também leva o material escolar de sua escolha.

Como Juventino demonstrasse não estar entendendo, Enedine disse com clareza:

– Dizendo de outra forma: cada um de nós é espírito imortal, matriculado por Deus na grande escola que é a vida.

– O que você quer dizer exatamente quanto a "uniformes"?

– O uniforme é o nosso corpo físico e o material escolar é o nosso patrimônio de realizações... boas ou más. Aqui, onde agora nos encontramos é local destinado a estágio de refazimento, de reflexões, de tomada de novas decisões, mas também de novos aprendizados.

– Meu Deus! Eu estou morto! Não há nenhuma dúvida: morri mesmo!

– Pois fique sabendo que para um morto até que você tem comportamento bem exaltado e palavras bem vivinhas.

– Por favor, não brinque comigo.

– Está bem, "senhor morto", responda-me então: e eu? Estou morta também? E todos os demais?

– Minha cabeça ferve.

– Responda, por favor.

– Não, você não está morta, nem os outros...

Enedine comentou:

– Pois é, você viu os quadros mostrando a primavera, o verão, o outono e o inverno, e na seqüência, de novo esses ciclos se repetirem, como, aliás, são repetitivos todos os demais ciclos da natureza, a começar dos dias e das noites. Depois, com referência aos seres humanos, viu os quadros do nascimento e da morte e do renascimento, em permanente continuidade. Imagine a perturbação espiritual que o alcançaria se você visse todos esses quadros quando chegou aqui. Mesmo agora, depois do tempo em que nos faz companhia, de tudo que já pôde observar, de todos os sonhos esclarecedores que sonhou, você ainda se mostra tão nervoso...

Respirando fundo Enedine consolidou:

– Essa é a maravilha do nosso Pai, que nos criou e deu a eternidade de presente, dividindo nossa existência em ciclos alternados, ora com o espírito revestido de organismo físico, ora sem ele.

Ao ouvir essas últimas palavras, Juventino não se conteve e, aproximando-se de Enedine, entre desconfiado, tímido e ao mesmo tempo audacioso, segurou-lhe o braço e colocou a palma da mão na face dela.

O que sentiu excedeu em suavidade qualquer sensação de que tivesse lembrança, eis que agradabilíssima corrente elétrica percorreu-lhe o corpo todo e uma doçura ímpar esmaltou todo o seu coração.

Não conseguia afastar a mão da face dela, nem lhe largar o braço.

Até chegou a pensar que o tempo precisava parar. Para sempre!

Enedine não fez menção alguma de se soltar.

Olhou-a nos olhos e de surpresa em surpresa deu-se conta que aqueles lindos pequenos faróis acesos brilhavam como nunca, com luz mais intensa do que dois diamantes iluminados pelo sol do meio-dia.

Frações de segundos, nesses transes, significam horas.

Foi assim que Juventino, de sobressalto em sobressalto, concluiu que de fato já não estava mais entre "os vivos", da mesma forma que também não estava "entre mortos", pois ali não era cemitério, só havia um escoadouro possível para tudo o que vira, ouvira e sentira até então. Como se sua mente fosse um grande funil no qual muitas informações haviam sido postas, cujo processamento pingou da ponta desse funil em duas gotas cristalinas. Duas, mas que traziam, cada uma, um universo de verdades e de conclusões: a primeira gota dizia-lhe, em palavras altissonantes, conquanto não pronunciadas, que vida e morte são apenas etapas da imortalidade espiritual de cada ser humano; já a segunda, de forma avassaladora para seu coração, é que o sentimento de amor puro, ardente, inefável, sublime, mágico e abençoado havia invadido seu coração e dali não mais sairia.

Sim, o amor! Por Enedine...

Deu-se conta de que a amava há pouco mais de meio minuto, mas sabia que era para sempre! Jamais sentira amor igual, jamais!

Enedine olhava-o de forma a não restar a menor dúvida de que também ela vivenciava momentos de intensas emoções íntimas, mas ele, com a mente fixada na inefável realidade do amor, não captou esse olhar...

Tão intensa era a magia que invadia aqueles dois corações que conquanto nenhuma palavra houvesse sido proferida, ambos ouviam vozes íntimas declamando as excelsitudes do maior de todos os sentimentos: o amor!

Juventino sentia-se amando com todas as forças da alma.

Enedine da mesma maneira sentiu-se amando com todas as forças da alma e a certeza de que era amada.

Em Juventino, a mesma sensação, mas com incerteza...

Ele guardou no cofre do coração a esplendorosa jóia que o destino acabara de lhe presentear: a vivência do amor. Mas, ainda preso a sentimentos de dúvida e falta de confiança nos desígnios de Deus, uma grande angústia teimava em queimar e requeimar sua mente: "será que Enedine também me ama?"

Com isso, o amor que é tão sublime e derrama felicidades, para ele trouxe mais perturbações, pois não sabia como "apurar a verdade".

E ele era "o homem das perguntas"...

Alguns dias transcorreram, sem maiores novidades.

Enedine informou que se afastaria por algum tempo, mas que ele mantivesse a rotina de até então, não se esquecendo de orar sempre, independente de precisar de qualquer tipo de assistência.

Juventino tornou-se pensativo, as perguntas rarearam.

Às refeições, pela repetição de se acomodar quase sempre no mesmo local, acabou por se enturmar com alguns outros hóspedes.

Como as caminhadas matinais eram prática diária e a maioria as realizava de bom grado, também nessa atividade ele alicerçou mais algumas amizades, passando sempre a ter companhia.

Conversando com uns e outros, mesmo pouco, pois mais caminhavam em silêncio, pôde organizar as idéias e compreender melhor todo o sistema sob o qual as pessoas eram trazidas para ali: via de regra, depois de grandes problemas, grande desconforto, muita angústia, dores, necessidades não satisfeitas – problemas graves, enfim.

Pelo que tudo indicava, aquele lugar tão bonito, de lagos exuberantes, vielas floridas, bosques com árvores frondosas e de sombra tão generosa, era uma espécie de retiro, especializado em pacientes em convalescença.

Espantava-o e aos demais as propriedades das flores, ali, exalarem igual perfume que cada apreciador pensava... Não era difícil comprovar essa maravilha, pois muitos, quando lhes perguntavam, respondiam que não sentiam em absoluto perfume algum.

Também não conseguiam entender como é que vinha música do ar, sem nenhum aparelho visível ou orquestra por perto a executando. Só que, assim como o perfume das flores, a música – e apenas música de acordes calmantes – também só era ouvida em resposta ao pensamento de cada um.

Quem estivesse em sintonia também ouviria a música idealizada.

Mesmos tais fatos sendo mistérios, com a repetição os circunstantes acabaram a eles se acostumando.

Grande surpresa alcançou Juventino e muitos companheiros de jornada ao serem informados de que em breve seria mais uma vez ministrado ali o tradicional curso "Construções", para uma nova turma. As matrículas estavam abertas, estando todos convidados.

O coordenador geral do curso e instrutor seria o doutor Jonas, com participação de outros instrutores e vários monitores.

Juventino, a bordo da incontida mania de fazer perguntas, procurou-o:

– Senhor, desculpe minha curiosidade, mas eu não posso mais sufocar as dúvidas que transbordam do meu peito.

– Meu filho, fique à vontade. Pode perguntar o que quiser. E agora que já o conheço um pouco melhor, vou me esforçar para dar respostas diretas, do jeito que você tanto pede, desde quando foi trazido para aqui.

– Em primeiro lugar, eu queria que alguém me explicasse como é que de repente eu me apaixonei...

– Oh!, que bom. É sempre muito bom quando nosso coração se ilumina com a luz do amor.

– Pode haver amor só de um lado?

– Como assim?

– Quero dizer, uma pessoa sentir um grande amor por alguém, sem que esse alguém corresponda ou mesmo nem sequer saiba?

– Não, meu filho, o amor a que você se refere é o amor-paixão, que sempre se manifesta, num primeiro instante, de fato quase que de forma unilateral. O verdadeiro amor, em relação ao homem e à mulher, é necessariamente bilateral.

– É isso mesmo que quero saber. Até parece que o senhor conhece quem é essa pessoa que está amando assim e quem é a pessoa amada...

– Sim. Percebo a quem você se refere, mas eu preciso lhe dizer que o amor-paixão, que quando chega mais parece a erupção de um vulcão íntimo, não tarda para que uma de duas coisas aconteça: será correspondido; caso contrário, a erupção cessará.

Fazendo pequena pausa acrescentou:

– Quando há amor correspondido entre dois seres, por certo estaremos diante de um dos vários planejamentos da vida, ou como se diz, "o destino fez mira nesse casal, incumbindo Cupido[9] de o envolver", orientando-o na pontaria das suas flechas de união rumo ao coração dos apaixonados.

– Como assim? Não entendi essa questão de "planejamentos da vida".

– Sei que você tem muitas outras perguntas, mas ouça meu conselho: faça preces a Deus, Pai e doador permanente do amor integral para todos os Seus filhos. No curso em que espero encontrá-lo como aluno você obterá sem demora luzes para clarear dúvidas atuais e inúmeras outras que ainda o visitarão.

9. Cupido: deus do amor entre os romanos. Encarna a paixão arrebatadora. É representado como uma criança nua, com asas, de olhos vendados, armada de arco e flechas encantadas, que atira no coração dos apaixonados. (N.E.)

Com um gesto fraternal de despedida, Jonas deixou Juventino imerso em multiplicados cismares e afastou-se.

Num entardecer, Juventino teve novos momentos de fortes emoções, pois Enedine convidou-o a darem um passeio. Quando Juventino mirou o céu quase não acreditou no que seus olhos mostravam: um céu pontilhado de pequenas nuvens, quais flocos de algodão; mas não foi isso que o sensibilizou, ou melhor, que mais o extasiou e sim, ver surgirem naquele céu três arco-íris, majestosos, cores intensas, jamais vistas ou sequer sonhadas por ele.

As minúsculas nuvens, aos milhares, movidas por mão invisível do Plano Maior dirigiram-se todas para dentro dos arco-íris, quais pequenas aves buscando o conforto do ninho, antes do anoitecer.

Logo os arco-íris se unificaram, formando um enorme círculo celestial que se espraiou por todo o horizonte, qual magnífica moldura para a tela celestial, onde raios solares agora completavam a divina pintura.

Sim, só mesmo Deus, na Sua infinita sabedoria e infinito amor poderia ofertar a todos daquela instituição tão régio presente.

Num gesto espontâneo, ditado pela gratidão da criatura para o Criador, muitos se ajoelharam.

Alguns companheiros que por ali transitavam também fizeram o mesmo.

Quase todos os que se abrigavam naquela cidade estavam a contemplar a maravilha celeste, pois os que viam logo corriam a chamar os que estavam no interior dos prédios.

Ninguém, ninguém, conseguia dizer uma única palavra.

E foi nesse estado de encantamento espiritual que Juventino experimentou outra agradável sensação: Enedine, sem ser percebida, achegou-se a ele e tomou-lhe a mão, de surpresa.

Olharam-se, embevecidos.

Ele, apaixonadíssimo.

Ela, também apaixonada, mas com lágrimas a escorrer pela face.

– Enedine...

Com um gesto delicadíssimo, ela fez um gesto sugerindo silêncio e convidando a manterem o olhar no céu.

Todos, aliás, mudos, mantinham o olhar fixado no grande arco-íris circular, que parecia emendar a Terra ao céu.

Aqui e ali, alguém derramava silenciosas lágrimas, de comoção.

Aos poucos foram esvaecendo as cores daquela pintura sideral e à medida que a noite foi chegando, em mais alguns minutos estrelas foram assumindo seu milenar lugar.

Enedine, agora sim, disse:

– Este espetáculo só acontece uma vez por ano, numa rara junção astronômica e sempre das dezessete às dezoito horas. Antigas tradições dizem que nessa sublime hora anual, sempre um dos Apóstolos se aproxima e ora com todos os que também estão em oração. As mesmas tradições consideram que o Mestre Jesus inspirou aos Apóstolos na construção desta "cidade universitária" e que, quando ficou pronta, teria estado aqui com eles e orado. Naquele instante sagrado, os arco-íris se formaram.

Compenetrada, acrescentou:

– Hoje é o dia do aniversário desta abençoada cidade. Quanto aos arco-íris, o grande lago que abriga os doze abrigos com seus institutos foi posicionado pelos espíritos siderais que sob orientação de Jesus participaram da construção desta cidade, em ângulo com outros dois lagos, de maneira que neste dia de cada ano a confluência dos raios solares promova essa maravilha. É por isso que esta cidade se chama "Cidade dos Três Arco-Íris" e os abrigos têm o nome dos apóstolos.

Deixando Juventino refletir alguns instantes, retomou:

– Tenho alguns instantes para conversarmos. Vou me transferir e não quero ir sem me despedir...

– Transferir?! Para onde?

– Para um abrigo em outra cidade...

– Outra cidade?

– Sim, quando alguém está aqui e completa parte do curso que freqüenta torna-se apto a ser transferido e, se quiser, pode solicitar o início da prática das lições aprendidas.

– Mas, por Deus, para onde você irá? Pois todos por aqui não afirmam que morremos? Se aqui é o "céu" para onde você será "transferida"?

– Sabe, Juventino, não quero trazer ou mesmo acrescentar confusão para você, mas é preciso que algumas informações sejam repassadas. Foi o doutor Jonas que novamente me pediu para vir conversar com você.

– Ah... Então você não veio por conta própria, não é?

E antes de obter resposta, num instante em que a aflição mental deu o tom de suas palavras, emendou:

– Neste lugar, desde que cheguei só recebi evasivas às minhas perguntas. Uma atrás da outra. Nunca obtive uma resposta clara, direta, objetiva. Algumas coisas já sei, outras não. Entendo que morri, mas não entendo como é que as coisas acontecem deste lado.

E lamentando-se:

– Isso está me deixando maluco. Por que você está indo embora?

– Já realizei aqui vários estágios do primeiro ciclo do curso da minha opção e preciso deslocar-me para outra área, na qual estagiarei em atividades compatíveis. Obtive de Deus minha passagem para realizar essa transição de aprendizados e estou muito feliz, pois sei que isso representa uma bênção para o meu futuro, para o meu progresso.

– Se eu quiser... Se eu pedir a Deus... Uma passagem, para ir com você, será que serei atendido?

– Tudo no universo obedece a leis sábias, porque estabelecidas pelo Criador. E uma dessas leis subordina os acontecimentos ao tempo...

– Como assim?

– A vida de cada criatura obedece a ciclos sucessivos e no momento, meu ciclo é de completar experiências e aprendizados preparatórios para quando voltar à existência terrena. Sua opção parece que é a de permanecer nesta cidade, preparando-se para as mesmas atividades dos demais irmãos hospedados no seu abrigo. Mas não se esqueça de que o amor do Pai é infinito e mesmo distanciados ou em diferentes dimensões da vida, os espíritos que se amam não se separam, ou melhor, para o coração só há um plano: o do amor!

A moça acarinhou-lhe a face e despediu-se:

– Tenho obrigações a cumprir. Se Deus permitir, nós ainda nos veremos mais algumas vezes.

Depois do último diálogo com o doutor Jonas e sem ver Enedine já por alguns dias, Juventino passou a caminhar sozinho, dia após dia. Matriculara-se no curso e não sentia nenhuma ansiedade pelo início das aulas.

Dia após dia, sem nada ter para fazer, já quase recuperado, mais uma vez saiu para fazer uma caminhada. Aliás, o que ele "e todo mundo" ali mais faziam era só caminhar.

Procurou a senhora Lia para fazer mais perguntas; contudo, ficou sabendo que ela estava em tarefa socorrista.

Como sempre a passo lento, sem direção, viu outras pessoas também passeando, algumas isoladas, outras aos pares e mais algumas em grupo. Reconhecendo que já fizera não só caminhadas como refeições, ao lado de algumas daquelas pessoas, aproximou-se e solicitou:

– Será que posso caminhar com vocês?

– Sim, sim –, responderam todos, em coro.

Juventino prestou atenção ao que conversavam e não tardou a identificar que o assunto era sobre os resultados de visitas feitas por cada um, sobressaindo temor e decisão de não mais repeti-las. Perguntou:

– Essas visitas a que vocês se referem... Para onde foram?

Uma jovem, de nome Neide, adiantou-se e comentou:

– Alguns de nós e outros que não estão aqui agora começaram a receber chamados para um encontro com familiares... Esses chamados eram estranhos, pois vinham de uma voz de dentro da cabeça deles. Eu fui uma dessas pessoas. Manifestamos isso aos atendentes daqui e depois de muita espera e severas advertências quanto a manter equilíbrio, resolveram atender nosso desejo desses reencontros e nos conduziram até os locais de onde vinham os convites. Os atendentes disseram que nós estaríamos mais ou menos sedados, para não identificar o lugar... Cada um foi levado a um lugar diferente do outro e ao chegar encontrou parentes queridos, rezando e oferecendo flores para ele. No retorno comentamos o estranho fato de nenhum de nós poder conversar com os parentes, nem eles conosco. Mas ficamos muito felizes em termos sido convidados.

Respirou fundo e assustou Juventino:

– Foi aí que um hóspede antigo daqui contou-nos que na verdade esse foi um encontro de vivos com mortos e que quando acontecem essas visitas é porque o dia é de Finados... E que os monitores "dão um remédio" para que os que vão daqui não se envolvam com o burburinho de pensamentos entrecruzados lá, o que seria prejudicial...

Juventino estava lívido. Só ouvia. Nada falava. Mas Neide dirigiu-se especificamente a ele:

– Há quanto tempo você está aqui?

– Eu? Para dizer a verdade, nem sei. Mas calculo que talvez uns dez ou doze meses.

– Será? Menos de um ano?!

– Por que seu espanto?

– Pelo pouco tempo que você conseguiu matricular-se no curso, pois nós outros – disse, referindo-se aos colegas do grupo – estamos aqui há quase cinco anos e só agora isso nos foi permitido.

– Eu não sei como explicar isso. Aliás, se vocês me entendem, eu ando muito atrapalhado das idéias, pois nessa questão do tempo, em especial, não consigo entender muita coisa referente a meu passado...

– Nós também estamos algo atrapalhados, pois sabemos que antes de chegar aqui estivemos num outro lugar muito ruim... E por muito tempo...

– É isso mesmo, eu também me lembro vagamente de estar perambulando em regiões de pouco sol, com gente perturbada. E tanto isso me afetou que acabei também por me perturbar. Por mais que eu pergunte, ninguém por aqui até hoje me disse exatamente o que aconteceu e como é que eu vim de lá para cá. Aliás, nem mesmo sei o endereço deste local. Recebi tantas indiretas do pessoal daqui que acabei por me convencer de que eu não estou mais vivo... Que já morri. Acho que me hipnotizaram e fizeram até eu receber visita da minha avó, que morreu quando eu era criança...

– Por esse jeito seu de falar até parece que você desconhece mesmo que aqui é uma outra dimensão...

– Você quer dizer que todos estamos mortos?

– Mais ou menos isso.

– Tem outra coisa que nós até já comentamos: quando cada um compreende que aqui está vivendo "depois de ter morrido", os atendentes aconselham a jamais dizer isso a quem ainda não o tenha percebido. O pessoal daqui tem um jeito, aliás, um não, mas inúmeros jeitos de fazer cada um descobrir isso por si mesmo.

– Você se refere às galerias de quadros?

– Sim. Na primeira galeria o quadro é o mesmo para todos, mas nas outras galerias, cada um que se aproxima de um quadro ele mostra imagens diferentes, mas sempre a respeito de quem o contempla...

– Onde são essas regiões ruins a que vocês se referem?

– Em lugares tristes, às vezes até insuportáveis e, nesse caso, a estadia se torna dolorosa.

– Eu não entendo quase nada do que está acontecendo comigo aqui.

E desabafando:

– Tudo o que eu vinha perguntando, para um ou para outro, e agora até para vocês, só resulta em respostas vagas, misteriosas, de sentido oculto, de entendimento indireto.

Quase gemendo suspirou:

– Não agüento mais esse tipo de vida. Gostaria de ir embora daqui.

– E por que não requer sua transferência para outro lugar? Aliás, já saberia dizer para onde gostaria de ir?

– Não, não sei. Como poderia, se nem sequer sei onde estou?

– Nós não poderemos esclarecer suas dúvidas pelo simples fato de que também estamos com muitas delas...

Alguém propôs:

– Gente, vamos falar do tal curso?

Tendo todos do grupo concordado, isso possibilitou a Juventino ir juntando uma a uma as frases que ouviu a seguir, e ao menos compor um quadro do que seria o curso: preparação para algo importante, muito importante, na vida de todos os alunos.

Os colegas deixaram escapar algumas informações. No geral, que cada abrigo hospedava mais ou menos cento e cinqüenta pessoas. Todo ano um número mais ou menos igual, dos mais antigos, "ia embora", falando que ia para o "plano terreno" e ao mesmo tempo chegava igual número de novos hóspedes. Todos, ou quase todos os monitores, na verdade eram hóspedes que se recuperaram e após anos de estudo foram promovidos.

Desinteressando-se do assunto, Juventino despediu-se dos futuros companheiros de aula, cujos nomes nem sabia, e retornou ao seu quarto.

Sua mente requeimava de idéias conflituosas, quais lavas sensuais de uma suposta erupção vulcânica interna a queimar seu coração, fazendo-o "ferver" de paixão por Enedine.

Não conseguia pensar nem estancar a invasão da saudade, que tão depressa chegou, antes mesmo de ela partir em definitivo para outra cidade.

Pareceu-lhe que o tempo congelou a dinâmica de todo o universo, pois foi envolvido por uma incontrolável lassidão.

Nenhuma vontade.

Nenhum movimento.

Nenhuma palavra.

Solidária com sua imensa tristeza, a própria natureza também se imobilizara, pois não se ouvia som algum, brisa alguma soprava...

Tudo parado, quietude no ar, assustadora quietude...

Por quanto tempo esteve assim? Não saberia responder, se lhe perguntassem.

Ao despertar daquele transe de imobilismo, seu pensamento estava mais do que nunca fixado em Enedine. Ela ia partir. Ia embora. Mas para onde?

Decidiu que para onde ela fosse teria de achá-la, e depois ir com ela, ficar com ela, amá-la intensamente, jamais sair de perto dela.

Era urgente fazer alguma coisa para atender às suas idéias.

A princípio e de forma tênue surgiram imagens de amor, de abraços, de carinhos, de troca de calor... Mas não tardou e irrompeu a volúpia, que a bordo de intenso desejo sexual, acabou por poluir-lhe o pensamento.

Sem perceber, abrira as portas espirituais para a obsessão que, rápida, instalou-se em sua mente...

E nesse patamar mental não houve como impedir a invasão de idéias estranhas à sua. Estranhas, mas acenando com a possibilidade de suas ânsias serem atendidas.

Obsessivamente ligado à imagem de Enedine, foi tomado por uma inesperada vontade de se afastar de onde estava, se possível, fugir daquela cidade... Como se obedecesse a ordem de invisível comandante, andou e andou até enquanto teve forças, que de minuto a minuto escasseavam.

Exausto, tendo se distanciado bastante das construções, até perdê-las de vista, chegou a um terreno acidentado, cheio de fissuras e ervas espinhosas. Alguém surgiu de repente por detrás de uma árvore ressequida e conclamou, ou melhor, comandou:

– Por aqui! Comigo!

– Quem é você?

– Sou tratado por “Chefão”. Vou levá-lo para onde você encontrará o que está pensando...

– Para... Ela?

Tão fixado estava em Enedine que nem sequer raciocinava direito. O desconhecido, com perspicácia alentou-o:

– Claro, claro. Você verá. Vamos logo!

Juventino estava fragilizado e foi cambaleante, quase dormindo em pé, que seguiu o estranho.

Chegaram a um grande desbarrancado, no qual havia uma escada toscamente talhada na terra, em declive. Desceram. Caminharam mais alguma distância. Vencido pelo cansaço pediu:

– Por favor, vamos parar um pouco. Estou exausto.

O estranho guia anuiu, num gesto bem econômico de educação.

Juventino cochilou, mas logo acordou, ouvindo um vozerio que se aproximava. Deu-se pressa em identificar onde e com quem estava:

– Onde estou? Quem são vocês?

O "Chefão" esclareceu, ríspido:

– Chegaram meus quatro companheiros. Agora você está anexado ao grupo. Vamos, todos juntos, atender às nossas necessidades...

– Que... Quais necessidades?!

– Não se faça de anjo. As mulheres nos esperam.

Juventino ia dizer alguma coisa, ia protestar, mas no íntimo falou mais alto uma idéia libidinosa que lhe invadiu a mente. Ao ouvir "mulheres nos esperam" o instinto sexual acordou nele, afastando o cansaço. "Aliás", pensou, "preciso mesmo disso, e muito".

Agora já não mais pensava em Enedine e sim em satisfazer imposição sexual na qual se deixara contagiar, pois suas forças mentais se compatibilizaram com a daqueles outros infelizes espíritos.

Seguiu o grupo.

As ondas eletromagnéticas dos seis infelizes, no mesmo comprimento e a se expandirem em ciclos e freqüências semelhantes, se acoplaram com justeza. Até se poderia afirmar que apenas um cérebro as formava.

"Chefão", na verdade, não era chefe. Ninguém ali dominava ninguém.

A mente de cada um exercia uma chefia geral, posto que todos estavam fixados em idêntico propósito. Infeliz propósito...

Não tardou e aqueles desvairados sexólatras chegaram a uma enorme caverna, de onde vinham sons estridentes. Quando se aproximaram da entrada, Juventino quase não acreditou no que seus olhos mostravam: alguns homens e muitas mulheres, em atitudes lascivas, num triste conluio promíscuo, numa desenfreada troca de sensações espúrias.

Logo algumas mulheres seminuas e desacompanhadas se ofereceram ao grupo que chegava. Em breves instantes estavam todos em penosa oferta e troca de energético sexual delirante e pernicioso. Todos, menos Juventino, que subitamente foi visitado mentalmente pela imagem da amada Enedine, o que lhe eclipsou na mente os propósitos, de imediato. Ao pensar nela, uma silenciosa mini-explosão o cegou e ele foi ejetado dali, realizando uma fantástica e rápida viagem, em que nada via.

O curso "Construções"

POR OCASIÃO DA MATRÍCULA, foi distribuído lacônico currículo a cada um dos cento e cinqüenta alunos matriculados no curso "Construções", dentre os quais alguns rapazes e moças, mas a maioria dos alunos e alunas já com idade madura. A agenda do curso previa em sua primeira fase, preparatória, para os primeiro anistas do período matutino, o estudo geral e reflexões sobre as Leis Morais: enfoque especial sobre a vida e a reencarnação – o espírito, o perispírito, o corpo físico, a existência terrena e os relacionamentos. Já no segundo ano seriam feitos estágios como observador convidado, em equipe assistencial a espíritos necessitados (encarnados). No terceiro ano, haveria estágios de um a cinco dias, com intervalos iguais, como observador convidado em equipes assistenciais a espíritos necessitados, estacionados em zonas purgatoriais (desencarnados) e, após esses três anos, dois ciclos de especialização, com estudos permanentes e engajamento parcial em tarefas socorristas, a encarnados e desencarnados, auxiliando no atendimento às necessidades ou dificuldades, segundo opção de cada aluno.

No primeiro ciclo, o enfoque principal dos estudos e estágios práticos seria o corpo humano (biologia) e no segundo o espírito, com detalhamento da reencarnação, da justiça divina e da inexorabilidade da Lei de Causa e Efeito.

Durante todo o transcorrer do curso, sempre que necessário, ao término de cada série de aprendizados e de cada jornada socorrista, as equipes se hospedariam sempre no Abrigo Simão Pedro para refazimento. Na avaliação dos resultados, a tônica era sempre o amor divino, a justiça divina e as lições de Jesus.

O currículo não especificava a duração total do curso.

Poucos dias depois, com Juventino ausente – por estar em tratamento sonoterápico –, teve início o "Construções", no "Instituto Simão Pedro", sendo que a aula inaugural foi ministrada pelo doutor Jonas:

– A todos vocês, meus irmãos em Jesus, desejo felicidade plena e que as nossas reflexões possam ser benéficas às suas vidas. Como não poderia deixar de ser, inicio este curso rogando ao Mestre Jesus que nos assista, de forma a que nossas mentes sejam iluminadas por seu amor.

Esta nossa primeira aula se denomina "Construções que não começam pelo alicerce".

Sabemos todos que construções terrenas têm início pelo projeto e todos prevêem começar pelo alicerce. Isso se aplica às construções ao ar livre, caso em que as obras são, de fato, verticais ascendentes, isto é, de baixo para cima. Esse é o processo das construções terrenas.

De fato, jamais se viu qualquer construção aparente que tivesse início para baixo, ou dito de outra forma: do telhado para o piso.

No plano do espírito ocorre exatamente o oposto, com os projetos pré-reencarnacionistas ("nova existência", aqui no sentido figurado de "nova construção"). De fato, os engenheiros espirituais que elaboram, organizam, supervisionam e decidem pelos detalhes da vida terrena do espírito reencarnante, têm sempre como ponto de partida o que esse candidato já construiu. Dizendo de outro modo, mais simples: o passado, "construção já existente", é a argamassa a ser utilizada para a nova etapa terrena.

Permitindo tempo para reflexão, fez pausa e a seguir retomou:

– Pode parecer paradoxal, mas literalmente é isso mesmo que ocorre: há utilização de todo o material da obra já construída, a qual não é destruída, no entanto será desse material que uma nova edificação será erguida, tijolo a tijolo... Dito, ainda, de outra forma: com o que já está feito inicia-se outra construção, como se fosse de cima para baixo.

Tantos são os índices e valores a serem considerados que só mesmo mentes privilegiadas conseguem extrair uma súmula justa dos milhares, milhões talvez, de atos, fatos e pensamentos acumulados nas inumeráveis existências anteriores de cada ser, já aprovado para uma nova existência física. Súmula, aqui, seria apropriação, no vasto repositório de vivências, apenas do material a ser empregado nessa próxima construção.

Se considerarmos que cada um de nós tem à retaguarda um acervo imensurável de vivências, não ficará muito difícil concluir que é nesse quadrante existencial que no plano espiritual será projetada a adequada nova fase do candidato aprovado à reencarnação.

– E o que ocorre então? – perguntou, logo respondendo ele mesmo: – Feitas as avaliações, por multiplicados cérebros bem treinados nessa tarefa, todos imbuídos de proteção e amor ao próximo, surge o esboço. Encaminhado este a esfera ainda mais categorizada, de lá retornará homologado ou com eventuais modificações. Essas, se houver, não invalidarão a peça inicial, e sim corroborarão com ela, aditando ou subtraindo pequenos detalhes, pequenos ajustes, mas de fundamental importância em face do contexto almejado: melhores e mais fartas condições para que o espírito evolua. Vocês estão me entendendo?

A turma, de um modo geral, respondeu que sim. Um aluno pediu:

– O senhor poderia nos dar exemplos?

– Imaginemos um pai que não eduque os filhos; por causa disso, tais filhos se desencaminham e, ao se desencaminharem, arrastam com eles, na queda moral, outras criaturas; estas, distantes do ponto inicial desse drama, em cascata prejudicam amigos, parentes ou desconhecidos.

Parando por aqui essa queda coletiva, da qual resultaram inúmeros seres "machucados" perante a consciência, é de se perguntar: quem é o responsável por tantos descalabros?

Uma resposta mais rápida do que o relâmpago dirá que é aquele pai. Se não direta, ao menos indiretamente, pois tudo começou por culpa dele. Pode até ser excluído o dolo (intenção), mas não se poderá eximir a responsabilidade.

O doutor Jonas enriqueceu o exemplo:

– Incontáveis outras perguntas poderão ser formuladas: e se o filho, mesmo sem o apoio dos pais, por esforço próprio fosse vencedor moral na vida? Nesse caso, o pai só teria a primeira falta a quitar e assim parece injusto imputar a ele os desacertos subseqüentes citados na proposição anterior. E, além do mais, como aconteceu o efeito dominó nos descaminhos do filho e dos demais, quanto de culpa atribuir àquele pai? Parcial ou total? E, ainda quanto ao pai: não será que ele deixou de educar o filho já que, por sua vez, desde criança também não terá aprendido no lar a educação que ora "negou" ao filho? Aí o culpado de tudo seria o avô do filho em questão?

Os alunos prestavam cada vez mais atenção, sedentos de saber aonde o doutor Jonas chegaria. Prosseguiu ele:

– Como podemos calcular, as contas, as aproximações, as quantificações ou isenções de culpa, de acerto ou desacerto, o ajuizamento de um por um de tantos procedimentos, de tantos envolvidos, agravantes e atenuantes, tudo isso é colocado na prancheta do projeto reencarnacionista.

É aí que sobrepaira, infalível e justíssima, a Lei Divina de Ação e Reação.

Como notamos, no exemplo, todos os vetores das ações são morais.

Agora, visando "correção de rota" dos envolvidos, os detalhes não se subordinam à matemática, nem às leis da física e da química, nem são obedientes ao equilíbrio entre a energia cinética e a energia potencial. Muito menos caberão, aqui, as injunções das já quase perfeitas regras e equações do cálculo – estrutural ou dimensional.

O projeto, como, aliás, todos os projetos reencarnacionistas, objetivam proporcionar ao espírito meios de evoluir. No caso do planeta Terra, onde as provas e as expiações ainda são necessárias ao progresso dos seus habitantes, cada nova etapa física é precedida de avaliação prospectiva e perspectiva do ativo e passivo, morais, daquele que vai voltar à matéria.

O que é colocado na tela dos "projetistas siderais" diz respeito à mil vezes abençoada criação de Deus: o espírito imortal! Que assim é tratado por aquelas entidades angélicas: cada um, como uma obra-prima, um irmão querido!

Como em êxtase, asserenou suas palavras e proclamou:

– E é norma universal da caridade divina que espírito algum se perca.

Que nenhum deixe de obter passaporte para a angelitude.

Mais dia, menos dia, ou melhor, em milênios somados a milênios isso acontecerá, porque essa é a vontade do Pai. Foi Jesus quem nos garantiu essa gloriosa epopéia individual, quando afirmou que das ovelhas do redil divino nenhuma se perderia[10].

E essa é mesmo uma das poucas certezas que o homem crente em Deus tem plena de esperanças no porvir, pois tal decisão é de Deus.

Respirou fundo. Deus alguns passos e retomou:

– Bem. Na vida física tem a ciência como verdadeiro que a fecundação é prodígio dos prodígios. E isso é o máximo que as

10. Mateus, 18:12, sobre as "ovelhas desgarradas" : "Não é da vontade de vosso Pai, que está nos céus, que um destes pequeninos se perca". (N.E.)

palavras podem registrar sobre o milagre da vida terrena, quando ela se inaugura.

Da vida espiritual, sem dúvida, não há na Terra alma que sequer possa vislumbrar como se ajustam todos os meandros que compõem aquele "verdadeiro universo celular" – o espírito –, universo original, que utiliza uma capa abençoada, denominada perispírito, da qual o físico é cópia, projeção.

Sobre o perispírito teremos aulas futuras.

Mas, certeza inabalável habita no espírito que tem fé na justiça divina que lá, qualquer que seja o cantinho da esfera espiritual em que for alocado, quando para lá regressar, esse local será aquele coerente com seu merecimento.

Por isso, fiquemos apenas com aquilo que podemos perceber e compreender. Muito há sobre a reencarnação, mas atentemos ao que ela é, como já disse, uma obra que parte do telhado – plano espiritual – para o piso – plano terreno–, ou, dito de outra forma, é uma construção que começa no andar de cima e se dirige para o térreo, onde mais um andar será construído, na grande edificação da vida eterna.

– Alguma pergunta?

– O senhor fala em projeto e em construção. Se me permite a alegoria, o "dono da obra", isto é, quem vai reencarnar não pode ele próprio elaborar seu projeto?

– Sim, pode. Quando da preparação para renascer na Terra, o espírito, devidamente orientado e acompanhado por técnicos, primeiro repassa o que realizou até ali. Com essa retrospectiva, não é de todo negado a ele ser o autor do próprio projeto para a sua nova estadia no plano material.

Acrescentou, em tom humorado:

– Aliás, via de regra, quase que dois terços da nossa vida na matéria são fruto de requerimento que nós próprios redigimos. E, não raro, imploramos deferimento com todas as forças do coração...

Acentuou:

– Por isso, enfatizo a todos: jamais digam que estão no endereço errado, que há injustiça no parentesco difícil, ingratidão de familiares, inadequação profissional, seja de chefes, colegas ou auxiliares perturbadores, salário injusto...

Quando o espírito retorna à arena física vários são os planejamentos reencarnatórios esboçados. Um é o principal, mas existem sempre planos de configuração alternativa para cada um dos futuros reencarnantes.

Isso se justifica pelo livre-arbítrio, que é individual, havendo muitas pessoas que agem livrando-se imaginariamente de determinadas situações, indo em sentido contrário dos rumos da sua vida, quando, na verdade, só transferem essas mesmas situações para vidas futuras. É o caso, quase que geral, dos casamentos irresponsavelmente desfeitos ou de compromissos morais assumidos e não cumpridos, frustrando ou brincando com sentimentos de outrem.

O ambiente onde isso acontece enquadra-se no estrito limite da órbita de vida de quem assim procede, seja no trato familiar, profissional ou social.

E brincando com a turma:

– Vocês mesmos já passaram pela inolvidável experiência no "Instituto Simão Pedro", onde cada espírito vê a si mesmo em outras vidas. Pode ser agora que este espírito seja a reencarnação de si mesmo, podendo ter sido, por exemplo, seu bisavô... Os planejadores espirituais têm acesso a todo o passado do reencarnante e assim não encontram dificuldade em formular planos alternativos, todos adequados à evolução dele.

Antes de finalizar sua aula, o doutor Jonas ainda filosofou:

– Casas com apenas uma janela só ofertam um ângulo da paisagem. E quando digo "casas de apenas uma janela", refiro-me às pessoas dogmáticas, candidatas naturais aos desenganos, pois ao se nutrirem de "certezas absolutas" esquecem de instalar mais janelas para a razão, impedindo a circulação dos ventos que sopram, saudáveis, ao embalo das discussões sadias e das análises.

Doutor Jonas encerrou sua palestra desejando felicidades e êxito aos alunos, colocando-se ao dispor de todos.

Apresentaram-se alguns monitores e detalharam à equipe de alunos como seriam ministradas as aulas:

– Como vocês puderam verificar na programação deste curso, no primeiro ano de aulas estudaremos as Leis Divinas conhecidas pelo homem, subentendendo-se as Leis Naturais,sobre a natureza, e as Leis Morais,referentes à alma.

– Em relação às Leis Naturais, praticamente as aulas serão ministradas a céu aberto, em ambiente natural, junto a florestas, águas e visitas a vários locais onde animais permanecem aguardando reencarnação em breve estágio espiritual, agrupados por espíritos zoófilos.

Depois, em revezamento os monitores explicaram que segundo se observa na Doutrina Espírita, as Leis Morais estão escritas na consciência de todos os seres[11] e são:

1. Lei de Adoração: elevação do pensamento a Deus.

2. Lei do Trabalho: do corpo e do espírito, como ocupação útil, para a construção de um mundo melhor, para conforto próprio e dos demais.

3. Lei de Reprodução: vivenciar a sublimidade sexual como manutenção do mundo corporal, agindo sempre com responsabilidade e respeito.

4. Lei de Conservação: o instinto como garantia da vida, necessária ao aperfeiçoamento dos seres.

5. Lei de Destruição: compreendendo a necessidade de renovação, em tudo, na verdade, "Lei de Transformação".

11. Questão nº 621 de *O Livro dos Espíritos*. (N.E.)

6. Lei de Sociedade: vivendo gregariamente mais progresso se alcança, desde que haja harmonia na convivência com o próximo.

7. Lei do Progresso: progredir moral e incessantemente é a única via para a evolução do homem.

8. Lei de Igualdade: Deus criou iguais todos os espíritos.

9. Lei de Liberdade: é um direito natural a todos os seres vivos, o que demanda respeito a Deus, à natureza e a todas as criaturas.

10. Lei de Justiça, Amor e Caridade: a justiça consiste em cada ser respeitar o direito dos demais; amor e caridade complementam a justiça, levando cada um a fazer todo o bem possível, como gostaria de recebê-lo. Essa Lei, da primeira à última análise, pode e deve ser expressa e entendida como a sublime biografia moral de Jesus: amor ao próximo!

E dessa forma, essas sublimes leis foram analisadas, com preciosos desdobramentos, cada uma por durante mais ou menos um mês, com espelho naquilo que Allan Kardec, inspirado por inteligências superiores pedagogicamente enumerou[12].

Em várias aulas, aliás, sobre Kardec, o codificador do Espiritismo, doutor Jonas e os monitores diziam ser ele mais respeitado e admirado na espiritualidade do que no plano material...

Tratando-se de leis, desde a primeira aula, um contínuo alerta era repetido aos alunos, sobre a questão número 621 de *O Livro dos Espíritos*:

"– Onde está escrita a lei de Deus?

– Na consciência.

a. – Uma vez que o homem traz inscrita na consciência a lei de Deus, há necessidade que lhe seja revelada?

– Ele a esqueceu e a menosprezou; Deus quis que ela fosse lembrada."

---

12. Parte Terceira, Capítulo 1 ao 12 de *O Livro dos Espíritos*. (N.E.)

Aconteceu fato curioso e altamente instrutivo logo na primeira aula sobre as Leis de Deus, no caso, o estudo da Lei de Adoração.

Um aluno pediu ao expositor, o doutor Demócrito:

– Por favor, sem meus óculos não conseguirei acompanhar as aulas, pois as apostilas que recebi não consigo ler. Desde que cheguei aqui procuro meus óculos e não encontro...

Demócrito fez demorada pausa para responder:

– Meus queridos irmãos, bem a propósito do pedido do irmão que necessita de óculos vamos, desde já, repassar para todos um primeiro e utilíssimo aprendizado.

Em seguida, estabeleceu:

– Não estarei falando para um ou para alguns que tenham deficiência ocular, mas sim para todos vocês.

Como os alunos se entreolhassem, aguardando o que estava para vir do mestre, Cirilo atalhou:

– Com licença, doutor Demócrito. Eu também gostaria que o senhor mandasse pôr um relógio aqui para podermos acompanhar o desenvolvimento e duração das aulas, além de, se surgir alguma necessidade fisiológica, decidirmos se esperamos ou não a aula acabar.

Todos riram. Cirilo ficou muito feliz com a "gracinha" que fez.

Demócrito, sem sorrir, mas, com olhar indulgente, aguardou a turma se aquietar para logo prosseguir:

– Muito bem! Vejo que o humor está presente na turma, havendo necessidade de óculos e relógio. Mais alguém precisa de alguma coisa?

Os alunos captaram, de imediato, que por trás das palavras do mestre havia algo mais. Não sabiam o que seria, mas nenhum teve vontade de imitar o colega. Perceberam pelo simples olhar de Demócrito que ele era uma pessoa bondosa, calma. Não obstante, impunha grande respeito.

Demócrito incentivou-os:

– Ninguém gostaria de roupas diferentes? Ou de algum tipo de mochila para guardar o material escolar?

Os alunos voltaram a se entreolhar, mas todos permaneceram mudos.

Demócrito, então, continuou:

– Na dimensão em que nos encontramos cada um fabrica seus pertences. A natureza é expressão visível do fluido cósmico, que emana incessantemente de Deus. Antes que alguém me pergunte, já vou explicando que fluido cósmico é como a matéria-prima de qualquer objeto. Assim como os materiais são formados de vários elementos, cada um com características próprias, às vezes se combinando, com o fluido cósmico isso não acontece. O fluido cósmico não é tangível, não é visível, mas é o que de mais real existe em todo o universo que, aliás, é formado por ele.

Fez pequena pausa para logo prosseguir:

– Onde estamos, por bênção de Deus, utilizamos a mente para dar forma àquilo que o espírito cria mentalmente. Dessa forma, a primeira obra do espírito é sempre o pensamento e o pensamento é como um projeto acabado que pode ou não ser aprovado para execução.

Percebendo que os alunos não estavam entendendo muito bem o que dizia, Demócrito deu-lhes um exemplo:

– Nosso irmão pediu óculos. Isso porque ele trazia essa necessidade do plano físico, como carência biológica. Mas aqui nós não estamos no plano físico e sim no território em que o espírito vivencia a verdadeira vida. E assim sendo, se ele sente que tem necessidade dos óculos, com certeza ele necessitará mesmo deles. Isso porque o perispírito, que é o envoltório do espírito e matriz do equipamento orgânico, quando este é desrespeitado, por quaisquer ações deletérias ou por excessos de qualquer natureza, ele na verdade se danifica. E tal dano é sempre recuperável, em ações contrárias às que o tenham motivado.

Nova pausa. E continuando:

– Mas se o indivíduo que danificou o corpo físico fixar seu pensamento, sua mente e sua vontade na fé que o liberte dessa carência, ao mesmo tempo praticando bons atos, desencadeará o processo que culminará com a restauração perispiritual e a conseqüente dispensa dos óculos.

Parou, olhou um por um e aduziu:

– O companheiro que pensou num relógio, igualmente se se concentrar fixamente nesse objeto, ele o construirá.

Os alunos demonstraram espanto e, mais que isso, dúvida.

Demócrito sugeriu:

– Marcelo, você que sente problemas da visão, venha até aqui.

Meio desconfiado e algo constrangido, Marcelo foi até o mestre que, então, pediu a toda a classe que fizesse absoluto silêncio e que pensassem em Deus, o Criador de tudo e de todos. Ajudou-os:

– Fechem os olhos e pensem na excelente visão que têm os pássaros, os animais, os insetos. Foi Deus que os equipou assim.

E voltando-se para Marcelo:

– Por favor, empregue seu sentimento mais sincero e peça a Deus que lhe dê óculos, no exato grau que você precisa. Vamos, ore!

Demócrito, por intuição, captou que Marcelo tinha méritos para alcançar a graça pedida, mas, sobretudo, além do que a lição seria extremamente proveitosa para todos os alunos.

Talvez possamos imaginar que essa bênção se assemelha palidamente às curas de alguns cegos e estropiados realizadas por Jesus. O Mestre, ofertando-nos sublimes lições da justiça divina, com a intensa luz da visão espiritual que possuía – "segunda vista" –, de imediato captava merecimento moral, ou não, daqueles que pediam para serem curados. Tanto assim que não curou a *todos* os cegos e estropiados de sua época.

Marcelo, com muita timidez, disse abaixando a voz, mas todos ouviram:

– Meu Deus, meu Pai, por favor, eu preciso dos óculos.

Os alunos não resistiram e abriram os olhos. Ficaram estupefatos ao ver claramente que uma espécie de tênue fumaça luminosa envolveu o rosto de Marcelo e em mais alguns instantes lá estava ele com óculos!

Houve exclamação geral.

Demócrito aproximou-se de Marcelo e pediu que ele lesse um trecho de um livro que ele apanhou sobre a mesa. Era o livro *A Gênese*, de Allan Kardec, e o capítulo indicado por Demócrito foi o número catorze, no item "Ação dos Espíritos sobre os fluidos. Criações fluídicas". Marcelo leu:

"13. Os fluidos espirituais, que constituem um dos estados do fluido cósmico universal, são, a bem dizer, a atmosfera dos seres espirituais; o elemento donde eles tiram os materiais sobre os quais operam;

14. Para os Espíritos, o pensamento e a vontade são o que é a mão para o homem. Pelo pensamento eles imprimem àqueles fluidos tal ou qual direção, os aglomeram, combinam ou dispersam, organizam com eles conjuntos que apresentam uma aparência, uma forma; (...) É a grande oficina ou laboratório da vida espiritual; (...) O pensamento do Espírito cria fluidicamente os objetos que ele esteja habituado a usar. Um avarento manuseará ouro, um militar trará suas armas e seu uniforme, um fumante o seu cachimbo, um lavrador a sua charrua e seus bois, uma mulher velha a sua roca.

Para o Espírito, que é, também ele, fluídico, esses objetos fluídicos são tão reais, como o eram, no estado material, para o homem vivo; mas, pela razão de serem criações do pensamento, a existência deles é tão fugitiva quanto a deste."

Demócrito, em tom muito calmo, assombrou a todos:

– Marcelo agora está equipado com óculos, mas, se quiser, poderá continuar vendo bem sem eles, pois a deficiência visual que tinha no plano terreno se devia mais a desgaste orgânico, fruto de trabalho excessivo com a visão.

Acrescentou um comentário ao último parágrafo lido por Marcelo:

– As criações espirituais por ideoplastia[13] permanecem reais enquanto o seu criador, bom ou mau, mantém o pensamento fixo nelas.

Demócrito solicitou a Marcelo:

– Por favor, retire seus óculos. – E pediu a Marcelo, agora sem óculos, que lesse um trecho de *O Livro dos Médiuns*, também de Allan Kardec, no capítulo oitavo, "Laboratório do mundo invisível", da segunda parte, item número cento e vinte e oito.

Marcelo ficou nervoso. Os colegas estavam em grande expectativa.

Demócrito colocou a mão bondosamente no ombro do aluno e apenas com o olhar repetiu o pedido. E Marcelo, de início tateante, mas logo com segurança, proclamou:

"15. Todos os Espíritos possuem o mesmo poder de produzir objetos tangíveis?

É certo que, quanto mais o Espírito é elevado, mais facilmente o consegue; mas isso depende das circunstâncias. Contudo, Espíritos inferiores podem também ter esse poder."

Demócrito dispensou a leitura, convidou Marcelo a voltar para seu lugar, o que foi feito sob caloroso aplauso.

– E o relógio? – exclamou um aluno.

13. Ideoplastia: ação plástica do pensamento sobre a matéria. (N.M.)

– Quem quiser que experimente criá-lo. Mas, de minha parte, não aconselharia, pois só deveremos utilizar essa bênção que é a apropriação de fluido cósmico quando isso for para o bem, pois estaremos sempre contando com o apoio de espíritos amigos. Há desgaste mental nessa atividade e aqui, no nosso caso, isso poderia resultar até em esgotamento.

Cauteloso, mas sempre esclarecedor, continuou:

– Nunca devemos nos fixar em acontecimentos infelizes, mas sim deles extrair ensinamentos. Por exemplo: todos nós aqui experimentamos grande desconforto logo após Deus nos transferir do terreno para o espiritual, não é mesmo? E aí, então, às vezes por anos, vagamos desorientados, trôpegos, famintos, sedentos, com frio. Solitários ou martirizados por espíritos ainda mais infelizes, malvados... Naquelas tristes bandas não encontramos nenhum restaurante, nenhuma farmácia, nenhum agasalho. No entanto, sem atendimento a tais necessidades – e como disse, por períodos mais ou menos dilatados –, nem por isso cessou a nossa vida. Já pensaram nisso?

Interrompeu por segundos, deixando os alunos pensarem. Arrematou:

– Deduzimos dessas lembranças que, na realidade, as necessidades físicas inexistem no plano espiritual, permanecendo, porém, atávicas, fortes e exigentes. Por isso é que, visando manter o equilíbrio mental nos abrigos há restaurantes, mas vocês devem estar lembrados de que os alimentos são produzidos por cada um, segundo sua escolha. E que, para os que ainda não têm tal condição, o próprio restaurante se encarrega de fazê-lo.

Mudando de assunto:

– Quanto à duração das aulas e das outras atividades neste abrigo, reflitam bem e se darão conta de que aqui as coisas são realizadas naturalmente, sem necessidade de rigidez cronológica, através da indução espontânea do que é feito ou que está a fazer.

E lançando um olhar fixo para Cirilo e depois para a classe:

– Quanto às necessidades fisiológicas, neste plano elas escassearão e até mesmo desaparecerão, na razão direta do progresso moral. Por estarmos na dimensão do espírito, as necessidades do corpo físico obviamente inexistem. Contudo, como o perispírito é que sente e repassa as sensações e comanda os automatismos biológicos, pela repetência desse repasse à máquina carnal, quando aportamos aqui esses condicionamentos se manifestam. Uma vez conscientes disso, o que sem dúvida demanda tempo, tais necessidades tenderão a desaparecer.

Demócrito ainda acrescentou outro breve ensinamento:

– Toda vez que alguém pede e consegue, o agradecimento é dever que a gratidão impõe. Vamos, pois, em pensamento, agradecer a Deus tudo o que recebemos, não apenas os óculos do Marcelo, mas principalmente as bênçãos que nos visitam sem cessar.

Concluiu a aula sobre a "Lei de Adoração":

– A prece, assim, é a melhor maneira de adorarmos a Deus.

* * *

Assustadíssimo, Juventino viu-se no seu quarto, deitado. O doutor Jonas olhava-o, pesaroso:

– Juventino, Juventino, onde está a sua vigilância?

Envergonhado, Juventino não conseguiu responder.

– Então, meu caro, como é que você foi perder o início do curso?

– Perdi?

– Sim, faz um mês que você está em tratamento sonoterápico para se refazer daquela triste incursão...

– Um mês? Tudo isso?

– Sim. Isso foi preciso.

– E Enedine?

– Oh, ela foi para outro abrigo. Está trabalhando e estudando lá. Aliás, devo informar-lhe que foi graças às preces dela que você teve o amparo de não se enlamear na devassidão... Ao que pude verificar, ela estava orando em seu benefício, no exato momento em que você se extraviou...

– Oh, meu Deus! Onde está Enedine, onde é a instituição?

– Quando você reunir condições, poderá visitá-la.

– Quais condições?

– Em primeiro lugar, obter aproveitamento no curso que nós oferecemos. Vou autorizar sua freqüência no curso, desde que se engaje em recuperar o mês de aulas que perdeu.

– Como recuperar?

– Aplicando-se em horas-extras.

– E depois?

– Durante o curso poderá surgir oportunidade de você visitá-la... O aproveitamento no curso determinará seu futuro.

– E depois?

– Depois os alunos estagiarão por alguns anos prosseguindo no aprendizado e praticando o que foi aprendido. Tudo isso possibilitará a todos resgatar muitas das suas dívidas.

– Dívidas? Que dívidas? Não me lembro de ter feito nenhuma dívida por aqui...

– Não? Então me acompanhe...

Juventino foi conduzido pelo doutor Jonas a um outro andar do grande anfiteatro, Instituto Simão Pedro, onde numa tela foi-lhe exibido um filme, no qual o figurante principal era ele...

Esse procedimento, aliás, era o mesmo para todos os alunos: antes de assistirem à primeira aula do curso preparatório, sob orientação de um monitor fariam visita individual àquele instituto para refletir sobre a própria situação.

Antes de iniciar a "sessão cinematográfica", o doutor Jonas esclareceu:

– Temos aqui no instituto a ficha individual de cada aluno e é dessa ficha que extraímos alguns poucos dados de suas vidas passadas, geralmente não mais do que três delas. Esses dados são os que fundamentam toda a assistência aqui dispensada. Entre no estúdio, faça uma prece a Deus e tenha bastante equilíbrio diante do que lhe será mostrado. Você verá a si mesmo... Essa é uma dádiva auxiliar para a reforma íntima de quem a recebe.

Assim dizendo, Jonas retirou-se e Juventino adentrou no estúdio.

Ficando a sós na sala de projeção, orou a Jesus e logo uma tela à sua frente se iluminou. Então, extremamente nervoso, viu-se tal qual astro principal de três filmes rápidos, realizados em épocas distintas do passado.

No primeiro, era Narcesian, um canoeiro jovem e robusto, que se ocupava em transportar pessoas, de margem a margem do Rio Sena, num vilarejo próximo a Rouen[14], dali garantindo o sustento para seus pais e um irmão menor, a quem muito amava, chamado Jacques. Sempre que podia estava a pescar. Mas suas pescas eram estranhas, já que jamais respeitara os peixes, inclusive, apreciava vê-los morrer, após sucessivas vezes submergi-los, para logo erguê-los e impedir-lhes o convívio com a água.

Animais, então, maltratava a quantos podia. Tudo, fruto da mente doentia que nessas maldades sentia prazer.

Conhecera Annete e foi amor à primeira vista.

Amor ardente, pleno de paixão. Recíproco.

Ficaram noivos: marcaram casamento para breve.

Muito saudável e bom nadador, nem assim conseguiu evitar a morte por afogamento, quando judiava de um grande peixe que, inesperada e bruscamente, deu-lhe uma torção que

14. Rouen: cidade situada acima e a oeste de Paris e núcleo da maior aglomeração urbana da Normandia (província histórica do noroeste da França). Atualmente, Rouen tem população estimada em cerca de 400.000 habitantes. (N.E.)

fez com que se desequilibrasse e batesse com a cabeça na beirada da tosca canoa. Desacordado, não conseguiu superar a correnteza, vindo a falecer.

Repetidos pesadelos o visitaram por longo tempo, vendo-se arrastado por águas turbulentas, indomáveis, até que conseguiu acordar. Acordar desse pesadelo "infinito" de afogamento foi pior: nadava na lama, e agora, inversamente, eram os peixes que o sufocavam, mergulhando repetidas vezes sua cabeça em água fétida. Sofreu muito.

Gritava por Annete, mas só o silêncio da morte respondia...

Um dia, inesquecível para ele, passou por ali um velho pescador, que ele de pronto reconheceu: era Ives Bauvais, um ancião que sempre o aconselhava a não ser cruel com os peixes e com os animais, mas ele nunca dera ouvido a esses conselhos.

Vendo aquele conhecido, que passava numa canoa, gritou:

– Senhor Ives, pelo amor de Deus, tire-me daqui!

– Sim, vou ajudá-lo. Vim aqui para isso e a pedido dos seus pais.

Narcesian foi levado para a casa de Ives, numa região descampada, de relva macia e verdejante, com poucas árvores, mas todas encopadas e floridas. Observou muitos animais herbívoros pastando.

Ives morava numa cabana rústica e acomodou Narcesian num leito simples. Em seguida, recebeu algum alimento e adormeceu.

Não percebeu, mas dormiu por duas semanas, sob tratamento sonoterápico aplicado por Ives.

O antigo canoeiro e inimigo de animais passou a conviver com Ives, que quase todos os dias recebia visita de equipes de pessoas de aparência rural, trazendo-lhe animais machucados para serem tratados.

Quando Narcesian presenciou isso, pela primeira vez espantou-se ao ver o rosto enrugado do ancião ser molhado de lágrimas.

Sim, Ives chorava de compaixão pelos animais machucados e a primeira coisa que fazia era dar um beijo na ferida deles. Depois, estendia os braços e punha as mãos nos ferimentos dos animais. Das mãos daquele velho, de forma assombrosa, saíam minúsculos raios, como se fossem pequenas chamas, intercaladas. Os animais não demonstravam sentir dor; ao contrário, logo se recuperavam e invariavelmente davam um jeito de manifestar gratidão...

De fato, Ives tinha profundo amor e respeito pelos animais e essa condição conferia-lhe um potencial sublime de promover curas nos que chegavam ali doentes ou com graves ferimentos, na maioria dos casos causados por insensíveis donos.

Assim que os animais saravam eram levados pelos mesmos homens e, certa feita, Narcesian, não mais contendo a curiosidade, perguntou:

– Para onde esses animais são levados?

– Voltam a ter outra existência...

Narcesian passou a receber lições de como é dever de todos os homens respeitar a natureza, em todas as suas manifestações, principalmente quanto aos seres vivos, semelhantes ou aqueles de condição evolutiva inferior: os animais. Todos os animais!

No dia-a-dia, em conversa com Ives, ficou sabendo que já fazia quase dez anos que o seu acidente com a canoa o transferira para aquelas paragens inóspitas, de onde acabara de ser resgatado...

– Dez anos?! E onde estamos?

– No mundo da verdade.

– Como?

– É isso mesmo. Não se pode mentir por aqui.

– E onde está minha família, que nesse tempo todo não veio me socorrer?

– Ficaram todos lá de onde eu e você viemos.

– Minha noiva Annete... Esqueceu-me...

– Será? Não seria você que se afastou dela?

– Por favor, me explique isso. Não estou entendendo nada...

– Tudo a seu tempo. Chegada a hora, você entenderá o que digo e identificará que lugar é este...

– O senhor está me assustando... Por Maria... Será que eu... Nós...

– Estamos mortos? Claro que não, pois como é que isso poderia ser verdade se estamos conversando?

– Mas então...

– Fomos transferidos. Só isso. Agora me acompanhe.

Narcesian nada mais disse. Apenas obedeceu.

Ives foi "visitar seus pacientes", os animais que estavam sob seus cuidados. O carinho que dispensava aos animais e o amor que recebia em troca, em dose dupla, acabaram por comover Narcesian.

Muito aprendeu Narcesian com o Ives. Em várias situações, quando mais de um animal ferido chegava ali, sempre trazido por aqueles abnegados homens "da roça", Narcesian começou a cuidar deles, imitando o que Ives fazia. Não tardou e alguns resultados positivos o animaram.

Quando um potrinho que ele cuidou e conseguiu curar enroscou a cabeça no peito dele, para baixo e para cima, num gesto típico de carinho dos eqüinos, Narcesian não suportou a emoção e chorou. De contentamento.

Demorou, mas captou que de fato não tinha mais a veste física.

A partir dessa constatação, passou a se interessar mais por conhecer os desdobramentos da vida e graças à convivência com Ives, por fim se convenceu do quanto errara. Arrependeu-se sinceramente.

Ives orava várias vezes por dia e aconselhou Narcesian a fazer o mesmo. E assim, passando a orar – coisa que não fazia há muitos e muitos anos – pediu a Deus que o transformasse num peixe que viesse a sofrer bastante.

Ives ouviu essa prece e deu mais uma lição e um convite:

– Ora, ora, meu filho: o ser humano não volta à espécie animal. Agora, uma outra forma de alcançar a paz seria justamente ser um protetor dos animais. Pense nisso e peça a Deus para conceder-lhe essa bênção.

– Mas eu já não ando protegendo alguns animais aqui?

– Sim, só que há outros lugares com muitos animais infelizes...

Narcesian não saberia dizer quantos anos haviam se passado naquela boa companhia. Um dia o ancião informou-lhe:

– Está na sua hora de voltar.

– Para onde? – inquiriu, com angústia e ansiedade.

– Para "lá".

– Lá?...

– Sim. Você vai começar tudo de novo. Só não se esqueça do que aprendeu por estas bandas, nestes últimos anos.

– Não me esquecerei.

– Vá em paz, meu amigo – disse-lhe Ives, comovido e em tom fraternal, explicando: – Muitos são os nossos irmãos inferiores que aguardam sua proteção... Qualquer dia desses também vou voltar e quem sabe, se Deus permitir, nós nos encontraremos.

Entre soluços e com a saudade já apertando o coração, Narcesian sentiu um adormecimento. Naquela noite, espíritos amigos, engenheiros da vida, providenciaram o início do restringimento perispiritual dele, conduzindo-o a um lar simples, numa grande capital, banhada por um formoso rio.

Nove meses depois, no segundo filme, nascia um bebê no lar dos D´Ouro, pescadores do Rio Tejo, em Portugal. Foi batizado como Américo D´Ouro. Quando cresceu, jamais quis pescar. Todos os animais que via e que estavam abandonados ou machucados encontravam nele um "padrinho franciscano".

Américo tornou-se um excelente "cura" de animais.

Contudo... Paralelamente, aproveitou-se dessa condição e várias mulheres que traziam seus animais de estimação para que tratasse também eram "tratadas" por ele, que com muita lábia e maneirismos envolvia-as, tirando promíscuo proveito disso. Destruiu vários lares...

Jovem ainda foi baleado por um marido ciumento que o flagrou com a esposa. Ao ser atingido, sentiu um calor insuportável antes de desfalecer. Acordou numa espécie de clube, só de mulheres e todas malvadas. Lá foi maltratado por muitas delas, que sempre em grupo o molestavam sexualmente. Por cinco anos...

Depois, estando cada vez mais debilitado, num momento em que sentia desfalecer ou que estava para ficar louco, o clube pegou fogo e todas as mulheres fugiram. Só ele ficou. Não teve forças para se salvar do incêndio.

Mas percebeu, entre surpreso e desfalecente, que as chamas não o queimavam... Nisso, lembrou-se de que vira, não sabe onde, um bondoso velho usar fogo igual àquele, "que não queimava". Fixou na memória mental a figura daquele velho, como que lhe suplicando ajuda e, no mesmo instante, ele surgiu acompanhado de dois enfermeiros que se aproximaram e o colocaram numa maca. Acordou num aposento coletivo e cheio de outros "hóspedes".

Não tardou a identificar que já não mais possuía o escafandro ou vestimenta da carne.

Grato por ter sido salvo, alistou-se como enfermeiro-voluntário para ajudar outras vítimas de maldades como as que sofrera. Esteve engajado por pouco tempo em atividades socorristas a espíritos dementados, absolutamente ignorantes e repletos de problemas e culpas por desvarios sexuais. Ambicioso, logo se enfastiou daquilo e passou a pensar como poderia se tornar rico... Não sabe quanto tempo perambulou a esmo, sem rumo ou amigos.

E, no terceiro filme, viu quando voltou ao cenário terreno, no Brasil, e chamava-se Oswaldo.

Eram tempos da escravidão. Ao crescer herdou um pequeno engenho, com poucos escravos, dos quais já era o capataz. Quando algum escravo fazia alguma coisa que considerava desrespeito à sua autoridade aplicava castigo que dizia "ser brando": deixar o infeliz dormir fora da senzala, nunca menos de três noites. Isso até poderia mesmo ser brando se o clima fosse sempre tropical, mas não era, pois ficava numa região muito fria e as madrugadas, no inverno, eram sempre de geada. Desses castigos muitos escravos morreram, pois ficaram "doentes dos ares", como se dizia naquela época, tossindo e vertendo sangue pela boca, enfraquecendo, definhando e morrendo.

Logo a escravidão foi abolida.

Oswaldo vendeu a pequena propriedade e conseguiu emprego de gerente de uma pedreira onde se extraía calcário argiloso natural, em blocos que posteriormente eram moídos, para formar cimento. Ali, sempre negou medidas que de alguma forma pudessem impedir a terrível ação do pó de calcário, quando era triturado. Sempre adiou providências para a instalação de filtros nem oferecia máscaras respiratórias para os empregados. Incentivava "horas-extras", com o que passou a ganhar mais e, em contrapartida, não foram poucos os operários que adoeceram gravemente dos pulmões.

Não tardou e ele próprio também contraiu a moléstia pulmonar.

Deixou o emprego e com o dinheiro que juntara comprou uma área florestal, da qual extraía madeira para mobiliário. Ganhou muito dinheiro e por egoísmo não constituiu família.

Perto de completar cinqüenta anos, sempre doente, sem ninguém que o amparasse, caiu nas mãos de aproveitadores que o iludiram, traindo-o em negociatas que o depenaram de bens. Desgostoso, entregou-se ao desânimo, à bebida, e rapidamente sofreu uma recaída, do que resultou sua morte.

Teve um longo sono, no qual contava e recontava sua fortuna, que a cada dia ia diminuindo, pois as cédulas se desfaziam e as moedas enferrujavam... Blasfemando, cheio de dores no peito e cada vez mais revoltado, perambulou por quase vinte anos pelos estabelecimentos bancários nos quais guardara sua fortuna. Em nenhum deles foi sequer atendido, e pior, todos "fingiam que não o viam", ninguém respondia às suas ordens, nem aos seus chamados e, por fim, menos ainda aos seus apelos angustiosos.

Um dia, uma criança à qual ele negara esmola e até dera um tapa na cabeça, surgiu à sua frente. A criança estava bem trajada. Até demais: a roupa tinha luz!

A criança sorriu para ele... Aproximou-se, tomou-lhe uma das mãos e levou-o para um lugar longe dali, onde pessoas descansavam à beira de um lago de águas cristalinas, calmas. Apresentou-o ao "gerente" daquele local como um bom e velho conhecido amigo. Ali ficaria muitos anos.

Intrigou-o bastante como é que o mesmo ancião que já o socorrera em outros "perigos" agora era aquela criança...

* * *

Muito envergonhado de si mesmo, Juventino deixou o instituto e à saída encontrou o doutor Jonas, que o aguardava, calmamente sentado em um banco, à sombra de frondosa árvore.

Anoitecia.

Foi logo perguntando ao coordenador do curso:

– Se eu não conseguir recuperar as aulas perdidas, só daqui a um ano, quando termina este curso e começa um outro?

– O curso não dura um ano: é muito mais. No primeiro ano as aulas acontecem no período da manhã, ficando as tardes livres para estudos individuais ou reflexões, além de alguma tarefa de pequena duração. No seu caso, vou fornecer-lhe um resumo do que já foi lecionado aos demais alunos. Você freqüentará as aulas de manhã e no período vespertino irá para a biblioteca, para estudar as aulas desse mês que perdeu.

– Muito obrigado. Nem sei por que o senhor é tão bom comigo.

– Não me agradeça. A melhor maneira de mostrar gratidão será aplicar-se bastante e não voltar a proceder daquele jeito...

– Nunca, como agora, compreendo como a mulher adúltera deve a felicidade que Jesus proporcionou a ela!

– Isso mesmo, era exatamente essa a cena que estava em minha mente.

Juventino despediu-se do doutor Jonas e recolheu-se ao quarto.

Com ele ia pesada carga: a vergonha que sentia pela invigilância que demonstrara. Esse sentimento de autoculpa ajudou-o a desvencilhar-se da fixação em Enedine.

Chegou ao quarto e sentiu solidão jamais experimentada.

Lembrando-se de tudo que acontecera com ele até aquele dia, cônscio de que estava fora da dimensão terrena, pensou na esposa, nos filhos, nos pais, nos irmãos, nos amigos.

Lágrimas vindas do mais íntimo assomaram abundantes.

Ajoelhou-se, num gesto espontâneo, e proclamou:

– Jesus, Jesus! O Senhor, que livrou a pobre da mulher que ia ser apedrejada, será que está me escutando?

Sem se assustar, apenas surpreendendo-se sem nenhum temor, viu a luminosidade do seu quarto aumentar gradativamente.

Mais lágrimas chegaram e rolaram pela face.

Sem saber por que chorava, mas experimentando a doçura que só a paz proporciona, prosseguiu:

– Nem sei por que o Senhor se importa comigo, mais ainda depois do que vi do meu passado e agora da besteira que fiz aquele dia, na companhia do "Chefão"... Mas vou fazer uma promessa para mim mesmo: quando essas idéias ruins vierem, não vou deixar me envolver por elas. Vou pensar no Senhor, lembrando quando teve os pés lavados por Madalena e depois quando lavou os pés dos seus apóstolos.

A luz permanecia intensa naquele quarto.

Nisso, ouviu baterem suavemente à porta. Ergueu-se, algo contrariado, e atendeu. Eram quatro alunos do curso (dois rapazes e duas moças), que falaram:

– Amigo, vimos tanta luz no seu quarto que viemos pedir-lhe para nos deixar participar das suas preces.

– Como é que vocês sabem que estou rezando?

– Pela luz, é claro! Cada vez que um quarto fica iluminado assim como está o seu agora é sinal que um espírito muito bom está por perto.

Sem vaidade e até com gratidão pelo término da solidão, convidou:

– Entrem, entrem. Vocês são bem-vindos, pois me sinto muito solitário.

Abraçaram-no afetuosamente. E um deles orou:

– Pai-Nosso que estais nos céus...

Concluída a sublime oração ensinada por Jesus, ficaram em silêncio por alguns minutos, até que ouviram os acordes da belíssima *Clair de Lune*, ("Luz do luar", ou simplesmente "Luar", do compositor francês Claude Achille Debussy), que ecoava suavemente por todas aquelas paragens de refazimento para almas cansadas.

Todos se dirigiram no mesmo instante à janela e lá no alto a Lua, lindíssima, parecia cumprimentá-los com um suave "boa-noite".

Despertando daquele pequeno devaneio, com agradecimentos, os colegas se retiraram.

A partir daquele momento, nunca mais Juventino estaria sozinho.

Inclusive, seus novos amigos, com a maior boa vontade, ajudaram-no a recuperar o mês perdido de aulas, versando sobre a Lei de Adoração (a primeira das dez Leis Morais que Kardec pedagogicamente enumerou).

Agora, sem dificuldade para se enturmar, Juventino passou os meses restantes de aulas nesse primeiro ano sem perceber a marcha do tempo.

O pêndulo da vida

CONCLUÍDAS AS AULAS do primeiro ano, o doutor Jonas, com a fraternidade de sempre, proferiu a aula de encerramento "do ano letivo":

"– Cada ser humano é um espírito imortal, criado por Deus.

Todos os espíritos foram criados para serem felizes, o que cedo ou tarde acontecerá no roteiro evolutivo de cada um, dependendo exclusivamente de suas ações no bem.

Para obter o crédito da felicidade, o caminho é a prática da caridade, do amor ao próximo, tão bem exemplificados pelo Mestre Jesus.

O espírito, propriamente dito, é uma centelha, e essa centelha, de essência divina, se reveste de um corpo intermediário, denominado perispírito, que por sua vez molda o corpo físico, pelo qual é revestido, para cada jornada na crosta terrena.

É assim que o espírito vai do plano espiritual para o plano terrestre e dele volta, pelo mecanismo pendular, repetitivo, da reencarnação.

O perispírito, em particular, embora ainda seja material, é extremamente sutil e constituído de matéria extraída da psicosfera que envolve a Terra.

Apenas como nota, em outros planetas, da mesma maneira os espíritos que lá vivem se apropriam da quantidade necessária de psicosfera para formar o perispírito adequado à existência ali.

Assim, o perispírito é vestimenta do espírito e o corpo físico é vestimenta do perispírito. Como já notaram, obviamente, quando o espírito se encontra na dimensão em que nos situamos, não há o corpo físico. Contudo, por força da grande influência que a matéria exerce sobre a maioria de nós, de nossa parte imaginamos que essa vestimenta sutil que temos neste plano dá-nos a impressão de ter as mesmas propriedades terrenas... Bem, o que a realidade demonstra é que o fenômeno denominado morte, dessa forma, não passa da retirada episódica da vestimenta terrena. Após algum tempo aqui, o espírito retorna, com certeza revestido do mesmo perispírito, mas agora apropriado de uma nova vestimenta, de uma nova roupagem, isto é, de um novo corpo físico..."

Em seguida, acentuou:

– Quando eu digo que o perispírito aparenta ter as mesmas propriedades terrenas, na verdade o que ocorre é o contrário, isto é, a sede das sensações é ele, o perispírito, e assim o corpo físico é apenas receptor dessas impressões, cujo mensageiro é o sistema nervoso central.

Um aluno, acanhado, questionou:

– O senhor me perdoe, mas eu acho que quem sente a dor é o corpo físico...

Ao que o doutor Jonas, sereno, mas firme, replicou:

– Sem humor negro e de frente para a realidade, me respondam: algum de vocês já ouviu dizer que no procedimento patológico da autópsia foi utilizada anestesia, e, se não, que o objeto examinado sentiu alguma dor?...

Fez uma pausa e perguntou:

– Compreenderam?

Alguns sinalizaram que sim, outros ficaram em manifesta dúvida.

Continuando, doutor Jonas disse ainda:

– Ao longo deste curso vocês aprenderão bastante sobre o perispírito. Há várias semelhanças entre a vida e a morte, que não passam de etapas normais da reencarnação e sobre as quais eu apreciaria que vocês refletissem comigo quanto ao crescimento do homem e o crescimento do espírito. O ser humano, do nascimento ao período que se aproxima da adolescência, não tem a menor idéia de como é que o mundo é administrado, ou melhor, de como sua sobrevivência ocorre. Na infância não imagina e nem sequer entenderia se lhe dissessem que os pais o sustentam e que para isso eles trabalham, sendo então remunerados profissionalmente e podendo adquirir tudo aquilo que o filho e a família necessitam. Só lá pela aproximação com a fronteira da adolescência é que inicia o entendimento de que o trabalho é a grande mola-mestra do progresso e que todos precisam trabalhar.

Parou um pouco e retomou:

– Com algum risco de estarmos enganados, comparamos o conhecimento do adolescente com a compreensão que o espírito tem por enquanto das coisas de Deus: incompleto. Não nos esqueçamos nunca disso, pois pouco sabemos sobre o Criador, mas uma certeza invencível visita nossa mente quando sentimos que o mundo e a natureza são dadivosos, quais nossos pais. Sejamos merecedores dessas dádivas, colaborando com o bem comum.

Nova pausa e novas reflexões:

– O que pretendo dizer a vocês, reiterando o que já disse, é que todos nós – todos os espíritos – nascemos na Terra muitas vezes e quando isso acontece, como podemos deduzir, constitui uma partida. Mas, também, cada vez que o corpo físico morre, o que morre é só a matéria, pois o espírito regressa à sua pátria eterna. E nesse caso, mais uma vez podemos inferir que essa é uma volta. Este é o pêndulo da vida!

Parou algum tempo, caminhou pela grande sala e foi até o fundo, dando tempo para os alunos pensarem.

Voltando para a frente da equipe, retomou:

– Por tudo isso que falei, imagino que vocês, a partir de hoje, compreendem o que representa quando alguém diz que "vai voltar". Encerrando minhas palavras, tenho boas notícias e uma agradável surpresa para todos.

Enorme curiosidade instalou-se de pronto em cada um.

Dizendo essas palavras, Jonas olhou um a um seus alunos e, para terminar a exposição, declarou:

– Aproxima-se a hora da minha volta, mas antes de partir quero dizer a todos que as saudades de vocês e deste abençoado local já visitam meu coração. Levo na mente a figura de cada um e se Deus considerar que eu tenha algum merecimento, rogo a Ele que um dia voltemos a nos encontrar.

Essas últimas palavras foram pronunciadas sob lágrimas, não apenas de Jonas, mas da maioria dos que o ouviam.

O professor foi de um a um dos seus pupilos, abraçando-os com ternura. Ao abraçar Juventino, este, sem dominar o egoísmo que quase todos nós trazemos latente no peito, lamentou-se:

– Então eu não vou ver o senhor nunca mais?

– De maneira alguma diga outra vez uma bobagem dessas.

– Mas... Se o senhor vai pra lá e eu fico aqui, como é que poderemos nos encontrar?

– Juventino, meu caro amigo, um dia você também vai precisar partir...

– Meu Deus! Estou um pouco confuso com tudo isso que o senhor disse.

– Não há motivo. Em breve, você e seus colegas serão designados para novos estágios de aprendizado, cujo objetivo é preparar a próxima partida de cada um, da forma mais adequada.

Disse mais, dirigindo-se agora aos demais alunos:

– Estando eu lá e vocês aqui, nada impedirá que quando eu dormir venha visitá-los, em espírito. E essa é outra bênção divina, a de possibilitar reencontros de espíritos que se querem bem e que, tendo partido, permanecem amigos.

Pensando em Juventino e Enedine, mas generalizando a instrução, disse em tom carregado de esperanças:

– Em outra circunstância, por exemplo, quando um casal se ama e apenas um deles faz a grande viagem, seja de partida ou de volta, havendo equilíbrio de ambas as partes, a interligação pelos laços do amor oportuniza alguns encontros entre ambos.

Fez silêncio breve e atiçou a curiosidade da equipe:

– Gostaria de ouvir de vocês o que consideram que seja uma boa surpresa. Por favor, algum de vocês já tem idéia do que gostaria que de bom acontecesse agora, algo assim como "matar saudades?"

Os alunos entreolharam-se e sem demora uma jovem se levantou e disse bem alto, o suficiente para todos ouvirem:

– Gostaria de ver como estão meus pais e meus irmãos!

Outra moça, encorajada pela primeira, rematou:

– Seria muito bom se eu soubesse quando é que poderei partir...

Vários alunos, uns jovens, outros mais idosos, foram se expressando:

– Gostaria de ver o que meu marido anda fazendo...

– Eu também gostaria de saber como minha mulher está...

– Eu preciso saber se meus filhos conseguiram se manter sem mim.

– Eu prefiro ir para uma praia, passar uma temporada perto do mar.

– Eu ficaria feliz se me disserem qual profissão terei de abraçar quando voltar...

– Será que minha família chegou a um acordo sobre meu testamento?

E muitos mais exprimiram suas expectativas.

Jonas anunciou, para alegria geral:

– A direção do curso oferece uma folga de dez dias para que tenham a chance de se prepararem bem e depois visitar os ambientes e as companhias que elegerem.

Quando ninguém mais disse algo, Juventino ergueu-se devagar da cadeira e quase em lágrimas desabafou:

– Eu queria tanto... Ficar com uma pessoa cuja lembrança não sai da minha alma, mas que meu coração reclama a incerteza de não saber se ela ainda pensa em mim. Essa pessoa visita todos os dias os meus pensamentos e faz-me companhia nos meus sonhos, só que quando acordo ela vai embora. No meu peito, o coração está partido ao meio, ela está com a outra metade e só quando meu destino se somar ao dela é que voltará a bater no ritmo da vida. Vem de longe este meu sofrimento.

Emocionados, todos ouviram aquela pungente declaração de amor.

Jonas, em tom muito brando, acalentou todas aquelas esperanças com apenas três palavras:

– Todos serão atendidos. E quanto a essa história de "duas metades", afastem essa idéia, romântica na verdade mas de todo indevida, pois o espírito é indivisível. Não tem cabimento alguém imaginar que Deus cria espíritos pela metade...

Aquela ansiosa platéia exclamou um "oh!" de alegria e num gesto de fraternidade os alunos se abraçaram, plenos de felicidade.

Quase se instalou um clima de algazarra, tanto era o contentamento deles! Aos poucos aquela justificada agitação foi se aquietando. Jonas esclareceu:

– Como vocês sabem nosso curso não reprova ninguém e menos ainda faz avaliação de aproveitamento, por meio de notas ou diploma. Mas é inescapável que o desempenho individual seja conhecido dos administradores das tarefas deste abrigo, para que o encaminhamento daquele que vai prosseguir possa ser atribuído, visando ao endereço mais adequado ao bem de cada um.

Respirou fundo e prosseguiu, referindo-se à folga concedida:

– A visita em ambientes poderá ser relativamente longa, mas a pessoas terá de ser breve o suficiente para conhecerem como o tempo administrou a sua ausência. Devo esclarecer que dois supervisores acompanharão cada aluno e dependerá da avaliação deles a realização, ou não, dos encontros pessoais almejados. Os lugares, igualmente, serão delimitados a uma área determinada, de forma a não comprometer o equilíbrio já alcançado pelos visitantes – vocês!

Um senhor de meia-idade se dirigiu ao doutor Jonas em voz alta:

– Doutor, o senhor poderia ainda me responder à pergunta que muito me inquieta e penso que a quase todos também?

– Sim, sim.

– Quanto tempo falta para o término deste curso?

– Isto seria bem explicado mais à frente, no entanto, não vejo problema em adiantarmos as informações: até aqui, como viram, houve aulas teóricas, durante um ano. A partir de agora, por mais dois anos, haverá continuidade em vários outros "abrigos" como este. No total, de modo aproximado, podemos calcular que, passados treze anos, o primeiro ciclo do curso estará realizado, considerando três do preparatório. Para o término do curso, o segundo ciclo demandará aproximadamente mais dez anos.

– Mas... Tanto tempo... Para quê?

– Dois terços do tempo em atividades práticas.

– Onde?

– Onde houver alguém necessitado.

– E o terço de tempo restante?

– Estudos, sempre estudos, em variados estágios.

– Obrigado, doutor – encerrou o homem sua série de perguntas, mostrando-se acabrunhado.

Jonas ainda consolidou a resposta:

– Repito que o curso não dá diploma. No nosso caso representa o início da aquisição da passagem de volta ao panorama tantas vezes já visitado...

E concluiu:

– Agora vamos orar – e proferiu sentida prece ao Mestre Jesus.

A seguir, os alunos foram informados que teriam uma semana de reuniões com os monitores para agendar os detalhes das excursões que cada um realizaria, indo visitar os locais ou ao encontro daqueles que seu coração elegera.

Uma semana depois, novamente reunidos com Jonas, ele informou:

– Durante as visitas que vocês realizarão recomendo que, mais do que nunca, alicercem a fé em Deus. Vamos agora, a título preparatório e ao mesmo tempo de robustecimento íntimo, participar de uma ligeira teatralização, para a qual conto com a participação de todos vocês. Darei um exemplo e depois, individualmente, cada um fará o mesmo. Todos deverão ser sinceros para aproveitar bem o que será mostrado.

Assim dizendo, Jonas convocou alguns auxiliares.

De frente para toda a equipe representou um breve esquete, dizendo para os auxiliares convocados:

– Vocês estão me devendo grandes importâncias em dinheiro. O prazo que lhes dei termina hoje. Quero ouvir de cada um se vai me pagar.

Um auxiliar implorou:

– Não tenho como pagar, me dê mais um prazo.

Outro auxiliar repetiu:

– Prazo para mim também, por misericórdia.

O terceiro falou, soberbo:

– Eu posso pagar hoje, mas se eles vão ganhar prazo, eu também quero.

Jonas dirigiu-se à equipe de alunos e perguntou:

– O que vocês fariam, no meu lugar?

Vários alunos responderam, rapidamente:

– Concederia o prazo, menos para o que pode pagar.

– O prazo deve ser para todos.

– Nada de prazo: quem deve tem de pagar no vencimento da dívida!

– O senhor deve perdoar a todos e conceder o prazo que pediram.

– Não perdoar ninguém. Justiça é justiça!

– Nunca mais emprestar para eles.

Quando todos os que quiseram manifestaram seu pensamento, Jonas lhes disse:

– Pois é. Pelo que vimos, não há unanimidade. Vou propor à equipe alternativa: dar prazo ou não. Os que tiverem de acordo, por favor, levantem a mão.

Aproximadamente três quartos da equipe levantaram a mão.

Jonas, agora, dirigiu-se especificamente aos que não ergueram a mão:

– Se os devedores fossem seus filhos, vocês dariam o prazo?

Todos estes levantaram o braço.

Jonas exclamou:

– Conseguimos a unanimidade!

E completou:

– Guardem bem a lição: sempre pode haver uma força maior para a concessão de um benefício, mesmo a alguém que não está incluído na dimensão da nossa estima ou do nosso critério de merecimento.

A seguir narrou para a equipe a parábola de Jesus sobre o rei que perdoou uma dívida a um seu escravo, mas este, em seguida, não fez o mesmo com um companheiro[15].

Convidou:

– Quem quer vir aqui para propor uma nova questão? Só devo esclarecer que todas as questões que forem levantadas deverão, necessariamente, ter o perdão como alternativa final.

Bem, os alunos se sucederam e inventaram casos de infidelidade conjugal, de traição, de humilhação, de roubo, de agressão, de ingratidão, de ciúme, de intriga, de maledicência, de esfarelamento de patrimônio, de abandono familiar e muitas situações e dificuldades do relacionamento humano que só mesmo o perdão desata.

As discussões, em grupo ou individuais, cada vez mais foram ficando acaloradas. Cada um que levantava o tema promovia opiniões, contrárias e a favor.

A cada novo esquete, antes que as opiniões alcançassem um ponto de tumulto, impunha-se a personalidade de Jonas, com sua presença pacífica, conquanto enérgica, fraternal e disciplinadora, que sempre funcionara como elemento regulador do respeito e da ética, da educação e principalmente da fraternidade e respeito recíprocos.

A um simples gesto seu, os ânimos se acalmavam.

A todos que se mostravam incapazes de perdoar, Jonas narrava uma passagem de Jesus, geralmente com alguma semelhança aos fatos em debate, e a trazia à tona como o Mestre procedia: jamais condenando, sempre erguendo o caído e recomendando que não voltasse a agir da forma que provocara o problema.

Em alguns momentos houve mesmo exaltação, mas em outros houve até quem chorasse, expondo que o fato em foco falava-lhe ao coração.

15. Mateus, 18:23-34. (N.E.)

Durante o dia todo os alunos debateram exaustivamente as nuanças do perdão, sob o foco de infinitos lances.

Na mente de todos, indelével, restaram gravadas algumas cenas de Jesus: o perdão citado no "Pai-Nosso"[16]; a recomendação a Pedro para perdoar setenta vezes sete vezes[17]; junto à mulher adúltera, impedindo sua lapidação[18]; na última volta do ponteiro da sua presença física na Terra, pedindo a Deus que perdoasse seus algozes, "pois eles não sabiam o que estavam fazendo"[19].

Jonas, como sempre de bom humor, encerrando aquelas tão proveitosas quanto inéditas representações, deu a tônica fundamental do sentido daquela reunião: servir como um vestibular, em que os alunos tinham, eles próprios, escolhido as questões que teriam de enfrentar "na prova" que se avizinhava: estarem evangelicamente alicerçados para o encontro com afetos, desafetos, familiares e locais deixados para trás...

As multiplicadas lições sobre o perdão, na verdade, constituíram técnica pedagógico-espiritual para preparar os alunos quando estivessem frente a frente com a realidade que eles próprios iriam encontrar. Realidade que espelhava colheita daquilo mesmo que haviam plantado...

Jonas julgou prudente instruir e advertir os alunos:

– Meus caros companheiros, graças a Deus aproxima-se a hora do reencontro de vocês com os seres que seus corações elegeram e que ainda estão no plano denso. Com a experiência que os anos me deram devo alertá-los para alguns comportamentos a serem evitados: estejam bem preparados para o que encontrarem, aquilo que for visto e o que esteja sendo feito, não se deixando assustar e menos ainda condenar, quem quer que seja, em hipótese alguma.

16. Mateus, 6:12. (N.E.)
17. Mateus, 18:22. (N.E.)
18. João, 8:3-11. (N.E.)
19. Lucas, 23:34. (N.E.)

Aspirou longamente o ar e quase como um murmúrio continuou:

– Cônjuges, noivos, namorados ou apenas companheiros encontrados dividindo afetos agora com outras almas, não deverão ser tidos à conta de traidores, mas tão-somente como pessoas que decidiram que suas existências deveriam prosseguir por outros caminhos, ante a perda do amor primeiro.

Trazia os olhos com lágrimas, denunciando que falava com a voz do coração, espelhando, talvez, ter passado por essa experiência...

Depois de um silêncio que não foi interrompido prosseguiu:

– É quase certo que os eventuais bens materiais deixados por vocês já não mais tenham o emprego que projetaram e talvez até já nem mais existam ou estejam em mãos estranhas. Não se agastem com isso. Nunca se esqueçam de que tudo pertence a Deus e o homem não passa de simples inquilino na Terra, cuja mobília de tudo o que lá existe é patrimônio divino, cedido como empréstimo para uso apenas durante a existência terrena.

Fez uma última advertência:

– Nós vivemos atualmente numa outra dimensão, invisível para os que estão com a roupagem física. Assim, nada de assustá-los com manobras mentais indevidas e menos ainda se revoltar se porventura captarem a presença de vocês, ao menos pela saudade.

Olhou aquela equipe com desvelado amor e para finalizar disse:

– Bem, neste ponto da nossa convivência, tenho uma importante notícia para vocês, meus amados colegas de viagem: há dias eu disse que se aproximava a minha hora de voltar. Pois ela chegou. Como já informei a vocês todos, em busca da evolução precisamos nos rematricular na escola da vida terrena e para isso necessitamos de um novo uniforme, isto é, um novo corpo humano. Estou aguardando o início do meu processo de volta.

Os alunos entreolharam-se, surpresos e ao mesmo tempo tristes, pois naqueles períodos de estadia e de aulas, todos, sem exceção, encontraram no doutor Jonas o pai que ficara para trás, nas brumas do passado.

Algumas moças e mulheres traziam os olhos flutuando em lágrimas.

Jonas, ainda como se estivesse em aula, explanou:

– A vida é o maior presente que Deus dá aos seres e a todos oferta a eternidade, com infinitas oportunidades de crescimento, aprendizado e evolução, até a conquista da felicidade plena. A Lei do Progresso é inexorável para todos. Pelos sagrados mecanismos da reencarnação a vida é sempre pujante e dinâmica e o progresso de cada um de nós se dá pelos sábios e insondáveis mecanismos reencarnatórios, em estágios de aprendizado e prática. Para nós, humanos, que viemos dos reinos menores e agora nos encontramos nas planícies da razão, como já disse, talvez possamos comparar cada trajetória de estágio terreno como sendo o movimento em arco do pêndulo do relógio existencial, na ida, de um pico a outro. O tempo que esse pêndulo gastar para alcançar o outro extremo tem a duração física programada por benfeitores espirituais. No instante em que o pêndulo alcançar a ponta oposta, por ser de movimento incessante, deverá iniciar o retorno, isso significando que é hora da volta ao plano espiritual.

Dando tempo para os alunos refletirem e analisarem o que dizia, Jonas deu vários passos, em silêncio. Mas logo retomou:

– Diferente dos pêndulos terrestres, o pêndulo da vida não realiza, necessariamente, cursos semelhantes, nem na ida, nem na volta, pois isso dependerá única e exclusivamente do aproveitamento ou desperdício que fizermos das oportunidades de evolução recebidas. Em outras palavras, nem todas as existências terrenas, bem como o tempo de permanência na espiritualidade têm a mesma duração.

Novamente Jonas abraçou a todos, com carinho.

Aluno por aluno, recebia dele uma palavra de incentivo.

A nenhum outro da equipe, como para Juventino, aquilo doeu tanto no coração. Diante da perda da companhia do doutor Jonas, ele que já perdera a de Enedine, quase entrou em desespero. Quando Jonas se aproximou dele, sem conseguir se equilibrar disse, em soluços incontidos:

– Não vá, doutor Jonas, não vá! Todos nós precisamos do senhor aqui.

Soluçou alto e desabafou:

– Eu, mais do que todo mundo, gosto demais do senhor.

Jonas enterneceu-se diante daquela singela e sincera manifestação de amizade e proclamou para a equipe toda, em tom que beirava a uma prece a Deus:

– O nosso coração tem um departamento inviolável, que talvez algum poeta, que não eu, o denominasse de "templo da saudade". Nesse refúgio íntimo ficam guardadas todas as lembranças boas das nossas existências e por isso nunca deveremos sofrer com separações... O Pai é de infinita sabedoria e amor integral; por isso, quando conveniente para nossas vidas, aproxima as criaturas que amamos algures ou alhures[20], seja em que dimensão do tempo ou do espaço que esse amor tenha se inaugurado para nossa alma. Tenho notícia de que, quase sempre, os espíritos se reúnem em existências sucessivas, até alcançarem ponto de harmonia. Daí seguem para outros grupos espirituais, mas sempre chega um tempo em que retornam aos grupos anteriores. Nessa progressão da humanidade, um dia a Terra alcançará o ponto de equilíbrio necessário à promoção para um "mundo de regeneração"[21]. Esse ponto existe

20. Algures: em alguma parte, em algum lugar. Alhures: noutro lugar, noutra parte. (N.E.)
21. Mundo de regeneração: próxima escala na evolução da Terra, atualmente, "Mundo de Provas e Expiações" (*O Evangelho Segundo o Espiritismo*, Cap. 3, item 4; pp. 16-19, Petit Editora, 1997, SP). (N.E.)

porque, por decisão de Deus, o amor tende a se ampliar, infinitamente, ao passo que os rancores diminuem, até a eliminação total.

Olhando os alunos sem agora poder disfarçar as lágrimas concluiu:

– Deus permita que eu os reencontre um dia...

Sensibilizados, os alunos também sentiram os olhos molhados.

Colocando as mãos nos ombros de Juventino, Jonas disse-lhe com afeto:

– Meu caro Juventino, a vida é feita de idas e voltas, de partidas e regressos e para mim chegou a hora de partir. Há sessenta anos estou nesta dimensão, embora apenas há cinco anos aqui. Para ter paz e progredir restam ainda muitas coisas que preciso fazer e terei de fazê-las bem, pois sou um grande devedor diante de Deus, pelas inúmeras chances que me foram dadas de melhoria moral e em quase todas eu falhei.

– Não acredito, o senhor é tão bom!

– Nessa etapa aqui eu consegui reunir algum mérito para as próximas fases do meu progresso. Estou grato a Jesus e a vocês que tanto me ajudaram nessa economia, que proporcionou a oportunidade que ora me visita. Reencarnarei em ambiente adequado às minhas tarefas perante a consciência.

Não houve na classe toda quem não ficasse emocionado.

E essa foi a última vez que os alunos viram Jonas, como professor.

Chegou o dia da ida dos alunos ao plano físico.

Quinze veículos estavam alinhados no belo gramado do "Bosque das Reflexões".

Cada veículo transportaria trinta espíritos, formando dez equipes, cada uma com um aluno e dois monitores.

Antes de iniciarem a partida, oraram, fora dos veículos, ao som terno de *Jesus, alegria dos homens*, de Johann Sebastian Bach.

Na viagem, feita em absoluto silêncio, nenhum aluno conseguiu identificar velocidade, rumo, paisagem exterior e o principal: o percurso. Os veículos, sem janela que possibilitasse visão do lado de fora, deslocaram-se sem qualquer ruído e no interior deles até se poderia afirmar que estavam parados, pois nenhuma vibração era perceptível.

Quando os monitores informaram que haviam chegado, sem que se percebesse qualquer movimento, por menor que fosse, aos poucos os veículos foram se tornando translúcidos, deixando, agora sim, ver a paisagem externa. Os monitores, mesmo acostumados àquelas missões, em profunda comoção fizeram uma prece a Deus, louvando a natureza, ali fantástica: blocos gigantescos de gelo e céu com nuanças coloridas de verde, azul e violeta, bailando como cortina ao vento.

O local do pouso era o Pólo Norte e o que viam era a aurora boreal.[22]

Os alunos acompanharam os monitores na sentida prece a Deus, feita em agradecimento pela viagem feliz.

Foi-lhes explicado:

– Estacionamos aqui porque esta é uma região terrena cuja psicosfera é isenta de interferências inferiores, já que o clima é bastante inóspito para encarnados e espíritos ainda fortemente agregados às coisas materiais, os quais não conseguem nem se aproximar.

Devidamente amparado por dupla de monitores, cada aluno foi conduzido a um local próximo ao que pretendia visitar.

Cada visitante teria prazo máximo de vinte e quatro horas para suas peregrinações e, decorrido esse tempo, seriam ajudados a voltar aos veículos.

22. Aurora boreal (ou "Luzes do Norte"): belo fenômeno natural, descrito como sobrenatural na mitologia da Escandinávia. Embora se constitua em uma visão espetacular a olho nu, emite muito mais radiação nas partes invisíveis da imagem formada por raios de luz. (N.E.)

Muitos alunos se decepcionaram ao encontrar situação absolutamente diferente da que tinham a última lembrança.

Outros perceberam que já estavam esquecidos por aqueles que imaginavam serem amados.

Alguns até nem puderam aproximar-se, pois foi vetada a visita, que poderia lhes produzir graves desarranjos psíquicos.

Pouquíssimos regressaram contentes ao veículo.

Quando Juventino aproximou-se do antigo lar, com o coração aos pulos, os nervos praticamente desarranjados, lembrou-se de apenas uma das várias recomendações do doutor Jonas: "a prece desata qualquer nó". E foi o que fez: orou a Jesus, quase sem saber ao certo o que deveria pedir.

Mas foi atendido, pois logo os dois monitores se aproximaram e lhe disseram que mantivesse o pensamento no Cristo e caminhasse com eles, resoluto e confiante para dentro do antigo lar.

Juventino não atinou com o fato, mas mesmo sem ajuda dos monitores adentrou na casa atravessando a parede como se ela fosse apenas tênue fumaça. O que viu deixou-o completamente atordoado: Emídia, sua mulher, parecendo que tinha envelhecido "duzentos anos". A seu lado, um velho e uma criança, de aproximadamente seis anos.

Indignado, recuou e saiu da antiga moradia.

Olhou aflito para os monitores que o aguardavam e narrou o que tinha visto. Foi-lhe participado, então:

– Ela se casou com este homem após você deixar o plano terreno. A criança é seu neto, filho do Guido, o seu filho mais velho. Volte para lá e abrace-os. Para isso veio até aqui. Ou não?

Assimilando a leve repreensão, retornou.

Rodrigues e Irineu, alertas e bondosos como sempre, emitiram uma radiação mental à criança, que a captou de imediato.

Juventino aproximou-se do neto e jamais poderia esperar pelo que aconteceu, pois de repente a criança pediu à avó:

– Vó, eu tô com saudade do vô. Quero ver a foto dele outra vez.

– Ora, Marcos, você vive pensando nesse seu avô. Eu já lhe disse, não sei quantas vezes, que ele viajou e foi para um lugar que não vai voltar...

– Vó, ele falou que não volta nunca mais?

– Ora, Marcos, para quê você quer saber, se nunca nem viu seu avô?

– Não sei. Só sei que eu gosto tanto dele! Só queria abraçá-lo.

Juventino não se conteve: atirou-se ao neto e abraçou-o com carinho extremado. Quando suas auras se fundiram, num relance Juventino viu que abraçava Jacques, seu irmão amado... O menino registrou:

– Sabe, vó, hoje mais que qualquer outro dia, inclusive neste momento, eu penso que estou sonhando acordado, pois na minha cabeça vejo o vô e ele está me abraçando[23].

Abraçado a Marcos, sua visão dirigiu-se de relance para um porta-retratos com a foto de uma família reunida. Já bastante emocionado, eletrizou-o ver um casal com uma criança no colo da mulher. Relembrou instantaneamente: eram seus avós, com ele. Aproximou-se daquela saudosa foto e fixou a vista na avó, Marieta. Olhando bem nos olhos dela viu-se subitamente invadido por uma revelação fantástica: "aqueles olhos... oh! aqueles olhos!", eram mesmo, nada mais, nada menos, do que os de Adélia, a Lia, do Abrigo Simão Pedro. Por isso aquela impressão que teve ao vê-la, quando despertou ao ser recolhido, de que já a conhecia...

Juventino, em choro convulsivo, não pôde mais permanecer ali.

23. O fato demonstra mediunidade presente, conquanto incipiente, como ocorre com alguns médiuns, na infância. (N.E.)

Perguntado pelos monitores se queria ir ver os pais e os filhos, respondeu que numa outra ocasião.

Assim, os monitores o conduziram de volta ao veículo.

Não tardou e as equipes foram voltando também.

Nos semblantes da maioria lia-se claramente "decepção"...

A viagem de retorno, nas mesmas condições da ida, deu-se em silêncio, com exceção de dois alunos, que reportaram a alegria de terem revisto os familiares e se sentirem lembrados por eles, "na hora".

No dia seguinte, enquanto aguardava as atividades subseqüentes do curso, Juventino se mostrava acabrunhado, ensimesmado, sem ânimo para conversar. Jonas procurou-o. Vendo-o tão derrubado animou-o:

– Mas o que é isso? Então eu o encontro assim tão desanimado, depois de tantas e tantas lições evangélicas?

– Que bom, doutor Jonas, que o senhor ainda não partiu. Desculpe, mas dói muito a descoberta de que para nossa família éramos apenas um objeto...

– Não é bem isso que está relatado em sua visita... Aliás, ao contrário, você foi um dos poucos que recebeu amor em estado puro. E mais: Deus permitiu que você ficasse informado de que sua avó o tem atendido.

– Sim, essa foi uma agradável lembrança e imagino que o senhor também se refere ao meu neto Marcos, isto é, meu irmão Jacques... Foi tão bom vê-lo de novo! Mas, ao mesmo tempo, vi minha mulher e percebi que me esqueceu, por completo.

– Vínculos familiares não se dissolvem assim tão facilmente. Tempo virá no qual você irá mudar de opinião. Mas não vim aqui para falarmos da visita que você fez e sim da que eu farei e para a qual estou convidando-o a ser minha companhia.

– Penso que não seria uma boa companhia, pois sinto um vazio na alma.

Jonas lhe disse, com ar feliz e ao mesmo tempo maroto:

– Que pena, estou autorizado a me submeter ao início do processamento da reencarnação, mas antes, ainda quis me despedir de alguns amigos, de outra instituição, na qual há alguém que você talvez quisesse ver, ainda que por poucos instantes...

Juventino deu um pulo e ansioso inquiriu:

– Ela?!

– Sim.

E assim, em viagem no mesmo tipo de veículo, só que translúcido, em velocidade vertiginosa, Jonas e Juventino chegaram. Jonas explicou que ali era a cidade "Espelhos da Vida".

Durante o deslocamento Juventino extasiou-se com a paisagem exterior: acima, céu de luzes e cores advindos dos raios solares, que iluminavam as nuvens, altíssimas; abaixo, lagos imensos e florestas verdejantes, coloridas abundantemente por manacás-da-serra. O mais agradável é que podia sentir o agradável clima exterior e também o perfume das flores que se revezavam ora em rosas, ora em jasmins, ora em lírios brancos, ora em gardênias. Inalar aqueles aromas constitua uma verdadeira ingestão energética, dispensando por cerca de vinte e quatro horas quaisquer tipos de outros alimentos.

Jonas esclareceu-lhe que aqueles veículos, quando se deslocavam para atendimento em regiões infelizes, tornavam-se opacos, mas quando a viagem é fraternal, como a que faziam, então ficavam translúcidos. Chegaram.

– Cá estamos, Juventino. Vamos descer. Podemos permanecer aqui por até seis horas. Antes, permita-me aplicar-lhe um passe.

Juventino não percebeu, mas o passe de Jonas alterou sua aparência, graças à plasticidade perispiritual...

Depois, Juventino balbuciou:

– Ela... Ela sabe que eu vim visitá-la?

– Por força da sintonia entre correntes mentais, a sua e a dela, é bem provável. Mas não temos certeza. Vamos verificar?

Quando Juventino deixou o veículo admirou a praça em que se encontrava: sol radioso, árvores altas, canteiros floridos, ar sutilmente perfumado, música ambiente suave: *Apenas um coração solitário*, de Tchaikovski. Aquela música ele conhecia. Até devaneava que fora composta para ele, seja lá na cidade fria, seja no Abrigo Simão Pedro, depois que "ficara sozinho", pela "perda" da Enedine.

Viu muitas pessoas andando tranqüilamente, outras sentadas em bancos alvos, quase todas lendo.

Junto a uma equipe de moças, lá estava ela!

À vista de Enedine seu coração pareceu-lhe que ia explodir. Vendo-a, mesmo a regular distância, pôde identificar a beleza que transcendia dela.

Hesitante, não sabia se ia até ela ou se voltava para dentro do veículo.

Olhou para o doutor Jonas, como que pedindo conselho, mas ele deu a entender que não interferiria na decisão a ser tomada.

Imobilizado pela emoção, Juventino não conseguia ordenar o pensamento e decidir o que fazer. Livrou-o do embaraço a própria Enedine que, avistando-o também, veio até ele.

Juventino, por um segundo, teve um choque terrível de dúvida: embora sabendo que era Enedine que via, seus olhos mostravam-lhe outra mulher, muito bonita. Sua mente, já conturbada pelo inusitado daquele fenômeno ótico, se embaralhou ainda mais. Embora não conseguisse recompor a memória, estava frente a frente com Annete.

Quando essa "outra Enedine" se aproximou dele, estendeu-lhe a mão e disse, receptiva:

– Que alegre surpresa vê-lo por aqui. Há um minuto eu estava pensando em você.

Essa era a sintonia a que se referiu Jonas, sobre correntes mentais...

Juventino, mecanicamente, também estendeu a mão e quando tocou na mão de Enedine, aí sua situação mental se complicou de vez: um choque elétrico absolutamente inesperado, agradável, venturoso, percorreu-lhe todo. Exclamou, por fim:

– Enedine, é você?

Respondeu ele mesmo:

– Mas, claro...

– Juventino, meu amigo, estava com saudades de você.

Ele ainda segurava a mão dela. Mas, ao ouvir as últimas palavras, todo um enorme obstáculo de emoções se rompeu e como se fosse arrebatado por uma correnteza indômita não se conteve: abraçou a jovem com impetuoso amor e balbuciou:

– Como te amo! Por Deus, como te amo!

A sublime confissão foi feita com atraso de três existências!

Surpreendida quanto ao momento, mas não quanto ao significado daquele gesto espontâneo e explosivo, Enedine também sentiu um sublime calor aquecê-la toda. É que também nela o amor por ele, há tanto tempo irrealizado, se apresentava de repente, pujante, ardente.

Sempre fora muito controlada, sempre senhora dos seus sentimentos e das suas reações. Comedida nas manifestações das emoções, sempre se houvera com domínio psíquico absoluto.

Mas, dessa vez, tudo isso foi por "água abaixo", levado de roldão por aquela mesma torrente indomável de sentimentos que o envolvente abraço e a confissão de Juventino provocaram nela.

Aliás, nenhuma surpresa nesses encontros (ou reencontros) de espíritos que se amam. Sempre se diz que isso é "amor à primeira vista", mas quase sempre a realidade é outra, isto é, na verdade o que acontece é qual uma nova aurora, do mesmo sol, da mesma Terra, depois de uma noite, às vezes longa... E as auroras, senão todas, quase todas são luminosas, deslumbrantes, plenas de alvíssaras!

Com a prodigalidade do tempo e a harmonia que rege toda a natureza, também acontecem momentos em que a semente vence a terra, o ramo tenro surge na superfície do solo e a flor surge do botão. Tudo isso assim como os filhotes das aves empreendem o primeiro vôo, a criança pronuncia a primeira palavra, o ser dá o primeiro passo.

Quando duas auras se aproximam neste momento supremo da eclosão pelo reencontro do amor recíproco, faz com que relâmpagos coloridos e sem trovão irrompam no céu interior dos dois amantes, qual "aurora boreal" particular.

Esses instantes supremos e sagrados do amor reverberam no universo todo e é quando Deus mais é louvado – inconsciente e silenciosamente louvado.

Enedine só conseguiu dizer:

– Eu também! Eu também te amo!

Juventino beijou-a suavemente na fronte e ela, de olhos fechados tomou-lhe a mão e colocou-a sobre seu coração, de forma também muito emotiva. Só então Jonas aproximou-se:

– Olá, Enedine, Deus esteja com você.

A jovem retribuiu o cumprimento abraçando-o afetuosamente e perguntou:

– Se não me engano vocês não poderão ficar muito tempo aqui, não é mesmo?

– Seis horas, no máximo – respondeu Jonas.

– Então, vamos aproveitar o tempo – atalhou ela, objetiva, ao que Jonas esclareceu:

– Vim me despedir de amigos que há tempos não vejo, inclusive você, pois assim que retornarmos ao Abrigo Simão Pedro iniciarei os preparativos para meu regresso à paisagem terrena.

Acrescentou, algo enigmático:

– Trouxe o amigo Juventino na certeza de que juntos poderão sonhar e projetar o futuro...

Tais palavras soaram como doce melodia ao par enamorado.

Enedine convidou Juventino a irem a um grande anfiteatro, onde a música *Concerto nº 1, para piano e orquestra,* de Tchaikovski, dava tom alegre ao ambiente, àquelas horas do dia. As paredes externas eram todas trabalhadas, decoradas com paisagens naturais, talhadas em alto-relevo.

Mas as paredes internas eram inteiramente formadas de espelhos.

Uma das paredes era formada de um grande espelho de cristal, todo retalhado de desenhos prateados de flores. Ao passar em frente a ele, Juventino, que no inconsciente julgava que todos os sustos e surpresas possíveis a um ser humano ele já vivenciara, mudou de idéia ao olhar distraído para esse espelho. Agora, sim, teve o maior de todos os sustos da vida: a imagem refletida não era dele e sim de um jovem e forte pescador.

Ficou estático.

Não acreditou no que os olhos lhe mostravam.

Mas o cérebro teimava em afirmar-lhe: "sim, aquela imagem é minha, eu sou aquele ali: Narcesian!"

Enedine num relance entendeu a surpresa de Juventino, desequilibrado de repente, quase à beira de um abalo. Socorreu-o:

– Não se admire. A imagem que vê é você em outra vida. E assim como também me vê na figura de outra mulher é porque essa também era eu, ou melhor, sou eu!

– Mas, por que isso, agora? Já tinha visto em filme, mas dessa vez é de verdade: enlouqueci! Já disse isso antes, mas estava blefando. Agora não. Não há mais dúvida. De verdade, eu enlouqueci. Valha-me Deus! Você é... Annete!

Ficou zonzo, e sua visão foi escurecendo, escurecendo, escurecendo...

Despertou no Abrigo Simão Pedro. Teve surpresa igual ou maior. Olhava para Amélia, sua esposa, e confirmava o reconhecimento da foto: ela era sua avó!

– Vovó? Por que a senhora me disse que se chamava Lia? Outra vez: como vim parar aqui? Quem me trouxe? O que a senhora está fazendo no meu quarto? Acho que desmaiei.

E lamentou-se:

– Oh! Meu Deus, eu estava com Enedine, quer dizer, voltei ao passado... Eu, isto é, o Narcesian estava com a Annete e de repente tudo rodou à minha volta. Há pouco, vi que a senhora também é duas: a avó Marieta e Adélia. Será que vou desmaiar de novo?

Beijando suavemente a face do neto querido, Lia respondeu, calma:

– Nossa! Quantas questões. Não vai desmaiar não. Respondendo às suas perguntas, pela ordem: não existe isso de alguém ser dois, o que existe é que o mesmo espírito tem várias existências terrenas, cada uma com um nome, com uma aparência. E isso você já aprendeu. Não sei como foi se assustar. Eu sou eu mesma, é claro, e não me identifiquei de pronto, desde que você chegou, para aguardar sua recuperação; há três dias você desmaiou e teve de ser trazido de volta; foi o doutor Jonas que o trouxe. Fiquei aguardando sua melhora para atendê-lo, em alguma eventual necessidade e sim, você dormiu por esses três dias, pelo passe sonoterápico que o doutor Jonas aplicou. Pelo jeito, porém, já voltou ao normal, pois está fazendo tantas perguntas assim...

– Desculpe-me, mas é que eu não agüentei... Onde está Enedine?

– Imagino que esteja lá na cidade na qual está morando e trabalhando.

– Mas como se vai até lá?

– Você que já foi deve saber melhor do que eu.

– Mas não conheço o trajeto do veículo que nos levou. Por favor, eu quero falar com o doutor Jonas.

– Ele também quer conversar com você. Vou chamá-lo.

Lia saiu e em poucos instantes o doutor Jonas adentrou a sala:

– Ora, ora, então o nosso irmão Juventino não suportou a emoção de saber-se amado por ela, hein?

– É, doutor, eu estava muito perturbado quando me vi no espelho como outra pessoa.

– Reconheço que de fato essas coisas causam algum choque. Coisas da plasticidade do perispírito, o corpo que reveste o espírito. De vez em quando, ele causa mesmo uma dessas grandes surpresas.E arrematou:

– Creio que você se lembra bem das aulas recebidas sobre o plano espiritual, o perispírito e suas várias propriedades, inclusive e particularmente a da plasticidade. Nesta dimensão, tais propriedades tornam-se mais aplicáveis, com manifestações variadas. Não sei por que se assustou. Inclusive com sua avó, que aqui se apresenta com a aparência de uma vida anterior. Foi ela própria que decidiu isso, de forma a não assustá-lo ou desequilibrá-lo, nos seus primeiros tempos de estadia. Agora que você melhorou, ela pôde se identificar.

– Ando me assustando. De fato, na hora, o que aprendi sobre o perispírito não me veio à memória. Nem bem eu tinha acabado de me declarar para a Enedine e, ao me ver na figura "daquele" pescador, tive um choque, pelo medo de ela não mais me querer daquele jeito. Antes, a foto da vovó...

– Mas, Juventino, desde que você saiu do veículo na visita a Enedine você já estava com aquela aparência. Lembra-se de que eu lhe apliquei um passe, antes de descer? Por aquele passe eu consegui que sua aparência mudasse por algumas horas. E Enedine não o rejeitou e sequer fez menção de não conhecê-lo, não é mesmo?

Sabe por quê? Porque foi com aquela imagem que vocês dois vivenciaram o amor, há muito tempo. Você também não notou que ela tinha outra aparência?

– Sim, notei, ela parecia mesmo outra pessoa, mas de forma inexplicável, eu sabia com certeza que era ela. Quando me lembrei que Enedine era a Annete perdi os sentidos.

– Pois é, essa foi uma experiência muito valiosa para seu futuro, bem como será para seus colegas, que passarão por momentos iguais. Esse é o motivo pelo qual eu o convidei a ir até lá. É preciso que nossa mente esteja preparada para situações em que o passado se apresenta... Você e seus colegas vão participar de várias assistências e essa é uma eventualidade para a qual deverão estar preparados, sem perda do equilíbrio mental.

Como Juventino se mostrasse cismarento, Jonas esticou os comentários sobre a plasticidade perispiritual, relembrando esclarecimentos já prestados nas aulas a todos os alunos:

– Para realizar a transfiguração perispiritual há necessidade de muito treino e judicioso emprego de energia mental, a par de grande capacidade de concentração. Seja para o bem ou para o mal, sempre haverá assessoria espiritual.

– Transfiguração e assessoria para o mal?!

– Sim, por que não? Embora a propriedade da elasticidade exista, permanentemente, ela pode também ser usada para o mal, como por exemplo, o caso de espíritos muito cruéis que tomam a figura de monstros ou animais agressivos. Nesses casos, sabe-se que tais modificações da aparência duram por tempo limitado, sem controle do autor, pois é grande o desgaste mental empregado. Por outro lado, em se tratando de espíritos protetores, eles procedem por caridade junto aos necessitados, muitas vezes restringindo sua luz própria, fazendo com que sua aura não cegue os assistidos. Mostram-se como espíritos de mediana evolução, mas também nesse caso é-lhes trabalhoso ocultar a luz que emana do seu nível moral elevado.

Exemplificou:

– Sua avó...

Juventino atalhou:

– Entendo... Entendo... Ela tem essa luz e se apresentava como Lia para que eu não entrasse em perigosa confusão. Foi o passe que o senhor me deu que me fez parecer como eu era em outra vida, quando conheci a Annete, quero dizer, a Enedine. E pelo que deduzo, ela conhece esse mecanismo...

– Pois é. Vamos tratar agora dos seus próximos passos aqui no Abrigo Simão Pedro. Se Deus quiser parto esta semana, mas antes quero deixar meu testemunho de amizade para você. Ficaremos um bom tempo sem nos ver, mas pela caridade de Jesus voltaremos a nos encontrar.

Juventino ia perguntar quando, onde e como, mas sofreou a ansiedade.

Jonas complementou:

– Quando você se recuperar de todo, o que deve acontecer em mais alguns dias, deverá reiniciar o preparatório, junto com seus colegas. Depois de dois anos, optarão por um ciclo de novos aprendizados, dos dois previstos. Doravante você e sua equipe serão apenas observadores e mais à frente convidados para engajamento na assistência aos nossos irmãos sofredores. Imagino que quer continuar.

Juventino quis de novo perguntar quem eram esses sofredores, quando isso aconteceria, com quem ele participaria, mas calou-se.

Jonas insistiu:

– E então, está feliz em continuar?

– Tem algum perigo?

– Tem sim: você querer resolver tudo sozinho, pois garanto que quando ver do que se trata vai querer participar, e em grupo.

– Mas, eu não vou mesmo integrado numa equipe?

– Vai, só que, antes de tudo apenas observará. Depois, bem, depois poderá aplicar o que aprendeu e observou quanto a atendimento, pois a especialização de cada estagiário – conclusão do curso – prevê programação de dois ciclos, cada um durando cerca de dez anos. Como já foi explicado, cada decênio é denominado *ciclo*. Quando concluir o curso, o aluno poderá optar por prosseguir na mesma atividade por mais algum tempo; ou, então, trabalhar na retaguarda das diversas áreas assistenciais; ou, ainda, engajar-se em ciclo diferente, do qual participam cooperadores encarnados, quase sempre no período noturno, após a maioria deles terem cumprido seus deveres profissionais, voltado para os lares e adormecerem, quando então, desdobram-se pelo sono e incorporam-se à equipe daqui.

Julgando conveniente aduziu:

– Às vezes o nosso atendimento a espíritos infelizes, deste ou do plano terreno, é facilitado por encarnados dedicados, aqueles que, quando predispostos ao chamado "sono útil", solicitam trabalho a Jesus e assim aceitam nosso convite para se associarem a nós.

– O senhor mencionou "especialização"?! Pelo amor de Deus, especialização em quê?

– No momento certo você saberá. Mas deixo uma última recomendação: analise sempre pela razão, mas decida invariavelmente pelo coração, pois este oferta seara para abençoadas plantações que mais tarde resultarão em colheita de bênçãos. Aliás, devo esclarecer que seus colegas também estão em fase de decisão quanto ao tipo de tarefas a serem realizadas. Como foi explicado quando do estudo das Leis Morais, cada aluno intui que caminho tomar, sempre objetivando amparar espíritos sofredores estagnados nas regiões sombrias ou em descaminhos terrenos, fruto infeliz do seu pensamento e procedimento.

Jonas disse ainda:

– Os assistentes têm atribuição para autorizar aos alunos visitas periódicas a locais ou companhias que elegem. Não se trata de um "turismo espiritual", mas sim, prêmio justo pela dedicação e amor ao próximo.

Não mais suportando a ansiedade Juventino perguntou, aflito:

– Quando eu voltarei a me encontrar com o senhor?

– Quando Deus permitir. Creio que é hora de contar-lhe que das minhas preces atendidas por Jesus, referentes à minha nova existência, uma diz respeito a você...

– Eu?! Por Deus, de que jeito?

– Quando chegar a hora nós dois saberemos.

– Oh, outra vez não! Lá vem o senhor com respostas esquivas. Por favor, o que o senhor pediu e Jesus concedeu, a meu respeito?

– Que nós nos encontrássemos...

– Isso quer dizer que... Eu também vou voltar?

– Juventino, Juventino, todos os que aqui estão, cedo ou tarde voltarão. Essa é uma das maiores bênçãos que Deus nos dá, a de voltarmos tantas vezes quantas sejam necessárias ao nosso progresso.

– E... Quando será que eu vou voltar?

– Isso, agora ninguém sabe. Mas no decorrer da duração da sua permanência aqui logo chegará a hora de você ser informado e devidamente preparado.

Muito comovido, Jonas exclamou:

– Que Deus o abençoe e que Jesus mantenha seu foco de luz sobre nossos corações.

Juventino, embargado e tomado por fortes emoções, abraçou aquele médico que conhecera há tão pouco tempo, mas que conquistara sua amizade para todo o sempre.

Aquela seria a penúltima vez que Juventino veria o venerável amigo, nessa sua permanência ali; e a última, quando ele próprio estivesse nos preparativos para sua volta.

Em tarefas

TERMINADOS OS OUTROS dois anos do preparatório e feitas as visitas autorizadas, era chegada a hora de Juventino e cada um dos seus colegas optarem pela modalidade de tarefa a cumprir. Pressentiam todos que a partir de agora acumulariam observação com prática.

Como todos não poderiam ir simultaneamente para a mesma tarefa teriam de se separar, agrupando-se por escolha de aprendizados práticos e de tarefas a serem realizadas, depois. Mas, em cada ciclo, de aproximadamente dez anos, o fato é que os alunos participariam de todos os estágios, ou seja, haveria revezamento de freqüência e prática para cumprimento integral do programa.

Quando chegou sua vez de optar, Juventino, ingênuo, solicitou a Rodrigues ir para a cidade onde estava Enedine...

Rodrigues, mesmo sabendo a resposta, perguntou:

– O que o leva a desejar ir para a cidade "Espelhos da Vida"?

Meio tímido, gaguejando, se justificou:

– É que lá tem as características que mais se adaptam à minha vontade de trabalhar e poderei pôr em prática tudo aquilo que aprendi aqui.

– E você poderia me dizer, resumidamente, quais são essas características?

– É que eu me lembro que lá tem muitas casas e sempre haverá necessidade de alguém para cuidar da manutenção hospitalar, proporcionando conforto aos doentes.

– E qual é a sua especialidade?

– Ora, eu sei fazer de tudo um pouco...

– Mas me diga aquilo que mais você sabe fazer?

Juventino pensou, pensou e respondeu, sem sequer perceber ou mesmo saber que foi por atavismo que disse:

– Gosto de trabalhar com madeira.

Na verdade, quando tinha sido aquele rico industrial, em vida passada, esteve ligado ao ramo de mobiliário rústico, colonial e de alto luxo, então sabia mesmo algo sobre madeira.

Muitas vezes, na nossa vida, damos respostas improvisadas, a título "de brincadeira", desconhecendo que na verdade estamos é trazendo à tona reminiscências do inconsciente profundo...

Rodrigues prosseguiu no interrogatório pedagógico:

– Muito bem. Como lá não existem hospitais de madeira, não é local apropriado à sua especialidade.

E logo complementou:

– Mas há uma região florestal que fornece madeira para mobiliário e que nos solicitou voluntários.

– E de lá eu poderei ir ver a Enedine, ou melhor, poderei ficar com ela algumas vezes?

– Claro que poderá vê-la! Normalmente, são os próprios estagiários que assim que se engajam em tarefas de socorro a irmãos infelizes compenetram-se do valor do tempo e só realizam visitas fraternas em períodos espaçados... Agora, ficar com ela, como diz, isso dependerá dos desígnios de Deus e podemos ter esperanças que isso venha a acontecer depois que você completar, na prática, os dois ciclos de consolidação do que aprendeu aqui.

– Essa "consolidação"... Quanto tempo demora?

– Como já foi dito, dois ciclos ou vinte anos de estágios variados, pois você não ficará só numa floresta, nem só num abrigo...

– Por favor, me diga a verdade: eu terei de ficar lá, nessa floresta, todo esse tempão?

– Não, meu caro Juventino. Eu estava brincando com você. Como é que você não deduziu que não existe essa atividade de trabalhar madeira para mobiliário por aqui? Então já se esqueceu que as construções neste plano obedecem à ideoplastia, isto é, são realizadas pela energia mental, via pensamento?

– Oh, graças a Deus! Você me deu um susto!

– Seja sempre cristalino, sincero; jamais devemos forjar pautas subterrâneas e sim projetos ensolarados.

No decorrer da semana, os alunos foram agrupados pelo doutor Demócrito, agora substituto de Jonas, para que participassem de várias caminhadas, em que cada um teria oportunidade de refletir sobre o futuro, aí compreendidas as atividades, tarefas e principalmente dilatar a sintonia com os colegas da sua equipe, já que ficariam muitos e muitos anos trabalhando em conjunto.

Era tradição, ali no Abrigo Simão Pedro, cada equipe escolher um título e sempre o nome de uma estrela. Juventino e os colegas votaram, com exceção de dois, que não se lembraram de nenhum nome. O nome da estrela até poderia ser o mesmo para mais de uma equipe, porém, o que diferenciava uma equipe da outra era que esse nome era seguido do nome do aluno-xerife, função essa anual e rotativa, de forma que todos os componentes a exercessem, em rodízio.

O fato é que a equipe de Juventino, por sugestão e empenho dele mesmo junto aos colegas, optou pelo nome de *Betelgeuse*[24]. Sugeriu esse nome e assim procedeu, recordando seus tempos de internação hospitalar na cidade montanhosa, bela e tão fria, de tantas flores, onde o céu sempre se mostrava deslumbrante nas

24. *Betelgeuse*: do árabe, significa "a mão (do guerreiro, homem) do centro", ou "*Ibt al Jauzah*" (o ombro do gigante). É uma estrela supergigante de cor avermelhada, na constelação Órion. Seu diâmetro é cerca de 400 vezes maior do que o do nosso Sol e tem 4.000 vezes mais brilho que ele. Distância de 650 anos-luz. (N.E.)

noites estreladas e, alguns enfermos, que conheciam algo de astronomia, ensinavam-na para os colegas.

Dessa forma, no primeiro ano, a equipe se denominaria "Betelgeuse-Juventino".

No ciclo inicial, a ênfase seria na biologia – estudo das leis da vida – e maravilha do corpo humano, engendrada pela sabedoria divina, em duas vertentes: a fisiologia, que investiga as funções orgânicas e os processos de atividades vitais, como crescimento, nutrição, respiração etc. e a patologia, que é voltada ao estudo da natureza e das modificações estruturais/funcionais produzidas pelas doenças no organismo humano.

Já no segundo ciclo, final, o enfoque principal versaria sobre o espírito, desde sua criação, como princípio inteligente, e a rota evolutiva pelos reinos inferiores, até desembarcar no reino racional, no qual sua conduta moral responde pela origem e cura das doenças, com ênfase nas alterações registradas por elas no perispírito: a origem enfocando os descaminhos morais (desrespeito às Leis de Deus) e a cura a auto-reforma moral.

Feitas as opções, foram formadas seis equipes, de vinte e cinco alunos cada uma.

Cada equipe estaria sob responsabilidade e coordenação de dois monitores. A equipe de Juventino ficou a cargo de Rodrigues e Irineu.

Como primeira aula prática, Juventino e seus colegas foram levados pelo doutor Demócrito, Rodrigues e Irineu a um grande laboratório, e ficaram fascinados com a quantidade de aparelhos e materiais. A impressão que tiveram é a de que estavam numa fábrica de medicamentos e equipamentos cirúrgicos, pois ali eram vistos muitos frascos e instrumentos médicos, em incontáveis balcões. Nesses balcões havia muitos técnicos manipulando sais e líquidos, experimentando misturas diversas; em outra parte; outros técnicos modelavam grande variedade de instrumentação.

Demócrito explicou à equipe:

– Aqui é o "Pavilhão dos Hormônios"[25]. Vocês não precisam memorizar os nomes, mas apenas a noção clara de que são substâncias químicas, na maioria produzidas pelas glândulas do sistema endócrino, como a hipófise, a tireóide, as supra-renais, além dos ovários e testículos, ou elaboradas por um tecido e em seguida vertidas diretamente no sangue, de onde são transportadas pela corrente sanguínea para os diversos órgãos, nos quais produzem efeitos.

À medida que a equipe ia passando pelos balcões o doutor Demócrito explicava do que se tratava e qual a finalidade. Em cada setor que percorriam, a cada três ou quatro passos, havia uma placa com o nome do material pesquisado.

Os estagiários receberam informações sobre alguns hormônios: a progesterona facilita a nidação [quando o óvulo fecundado se acomoda no útero] e responde pela manutenção do óvulo fecundado; a testosterona controla a formação do esperma, o desenvolvimento dos órgãos genitais e das características sexuais secundárias;o estrógeno é o principal hormônio feminino e preserva o sistema circulatório; na menopausa há queda de estrógenos e aí surgem várias alterações: calor, fadiga, irritabilidade, ansiedade, redução da calcificação dos ossos; a prolactina é responsável pela secreção láctea; a insulina é um hormônio pancreático, fundamental no processo de controle da taxa de glicose no sangue, e, ausente ou sem ação, causa diabetes; a oxitocina é útil nas contrações uterinas e nos trabalhos de parto, induzindo o nascimento; a vasopressina favorece a reabsorção da água ao nível dos rins e eleva a pressão arterial; a serotonina desempenha papel importante no desenvolvimento da pressão arterial e a hemoglobina causa anemia quando sua concentração no sangue diminui.

25. Hormônio: do grego *hormaein*, "pôr em movimento, excitar". (N.E.)

Uma jovem da equipe perguntou ao doutor Demócrito:

– Por que estamos visitando e recebendo esclarecimentos sobre hormônios? Será que alguém aqui vai ser médico?

– Quanto ao futuro, nada posso afirmar. Mas, o presente, aqui e agora, sim: conhecer a ação hormonal é de grande utilidade para qualquer socorrista a enfermos encarnados, pois identificando a origem ou possível causa da doença, fica de alguma forma facilitada a busca do devido atendimento. E, em breve, essa equipe iniciará esses socorros, parcialmente.

– E como é que, não sendo médico, poderemos identificar a doença?

– Pela intuição, mas sobretudo pela visão do órgão lesado, pois as glândulas produtoras dos hormônios situam-se bem próximas de onde é exercida a ação hormonal.

Prosseguindo na visita, o médico aduziu:

– Em geral os hormônios trabalham devagar e agem por muito tempo, regulando o crescimento, o desenvolvimento, a reprodução e as funções de muitos tecidos, bem como os processos metabólicos do organismo[26].

Juventino, não conseguindo controlar a curiosidade, inquiriu Rodrigues:

– O organismo humano realiza tudo isso sem sabermos?

– Não só o organismo humano, pois nas plantas e nos animais também encontraremos hormônios, com as mesmas especificações. A ciência humana, atualmente, já identificou cerca de cem hormônios diferentes, dos muitos mais existentes.

Demócrito encerrou aquela primeira visita e, antes de retornar ao Abrigo Simão Pedro, deixando a equipe a cargo dos monitores, ainda informou:

26. Metabolismo é o processo usado pelo organismo para produzir energia a partir dos alimentos. (N.E.)

– Cada hormônio tem uma vibração diferente e assim poderemos entender que a engenharia divina, ao engendrar e proporcionar aos seres vivos os chamados "automatismos biológicos", fez com que seus corpos guardassem, encerrados em si mesmos, equilibradamente, quantidades ora pequenas ora maiores de cada um dos componentes do universo hormonal, garantidor da vida.

Depois, Demócrito exclamou:

– Em tudo sobressai a sabedoria e o amor do Criador!

No prosseguimento das aulas, os estagiários foram levados a outros setores, nos quais as características de cada hormônio eram passadas em filme. Ali, naquele pavilhão, os estagiários permaneceram por um ano, pois as instalações tinham condições de abrigá-los, confortavelmente.

Ao final desse tempo, receberam a notícia de que seriam levados ao plano denso para que pudessem completar seus conhecimentos sobre os primeiros ensinamentos já recebidos.

Juventino e seus colegas foram informados que em breve testemunhariam "demonstração prática". Logo Irineu explicou:

– Vocês irão comigo ao plano denso e poderão verificar, analisar e concluir, por si mesmos, o que lhes será mostrado.

Todos exultaram, pois "ir ao plano denso" é o que mais os espíritos com o nível deles ainda desejavam. E assim, em caravana, partiram, cheios de otimismo.

De fato, primeiramente voltaram a visitar familiares, amigos e lugares. Desnecessário repetir os resultados: muita frustração, decepções sentimentais, revoltas...

Irineu e Rodrigues, energicamente, repreenderam os que se mostraram indignados – a maioria deles... A visita anterior já não lhes proporcionara ensinamentos? Pois que, então, não estavam muito bem informados de que o livre-arbítrio deve ser respeitado, mas que de cada opção e ação resulta uma responsabilidade para o agente? Assim, que os encarnados continuassem agindo conforme sua consciência, tanto quanto eles, os desencarnados, tinham também a escolha de como proceder.

Juventino, dessa vez, visitou seus pais, bastante idosos.

Sua presença não foi notada por eles...

Visitou os filhos. A mesma decepção...

Irineu explicou a ele e a outros estagiários, que apresentavam a mesma frustração, que algumas vezes os espíritos são reunidos numa família, não para reajustes recíprocos, mas para que seus descendentes, esses sim, tenham oportunidade de se reagrupar com aquela finalidade. Tais espíritos (os que não têm reajuste entre si, nem laços do passado), invariavelmente, têm sintonia de sentimentos e aspirações, mesmas características genéticas, tudo isso lhes proporcionando oportunidade de evoluir em ambiente familiar harmônico, sem rusgas, sem conflitos.

A seguir, em vários dias e noites, efetuaram repetidas visitas a um grande hospital público e ali tiveram aulas práticas, algumas a cargo do doutor Demócrito, sobre várias enfermidades.

Sempre caridosos, o doutor Demócrito e os monitores conseguiram balsamizar muitas dores e infundir resignação a muitos doentes. A equipe, nessas ocasiões, mantinha-se em prece, enquanto aquele abençoado trio socorrista realizava atendimento fluidoterápico aos pacientes.

Certa noite os monitores conduziram a equipe a uma solenidade festiva, com a aparência de pessoas reunidas tão-somente para desfrutarem de descontração e alegria, junto a amigos.

Espanto da equipe: havia ali mais desencarnados do que encarnados!

Sob orientação dos monitores entraram em sintonia com o bem, em oração, tornando-se invisíveis aos encarnados e desencarnados moralmente afins. Sob essa mesma influência benéfica, sem dificuldade, identificaram as intenções dos espíritos assediando a maioria dos convivas.

Bem cedo a equipe de observadores invisíveis ficou abalada pela penosa realidade que viram:

Cumpre destacar que Irineu e Rodrigues tinham instruções para que os alunos, nessa fase inicial do estágio, recebessem condições fluídicas que os tornassem invisíveis, durante o tempo de observação, mas que logo deveriam eles próprios desenvolver essa faculdade, mediante muita concentração – preces a Deus e a Jesus. Essa invisibilidade, por certo, só funcionava para espíritos atrasados, como no caso aqueles "sócios", também invisíveis, que usufruíam o energético etílico expulsado pelo hálito dos encarnados a beber. Esses "sócios" induziam os beberrões a beber sempre mais:

– Não vê que é hora do cigarro? Beba!

De uma ou outra forma, essa era a indução coletiva dos espíritos desencarnados, ora determinando, ora quase implorando para os encarnados beberem e fumarem. Atendidos, aspiravam o hálito etílico e as baforadas, em triste vampirismo.

Contudo, o mais espantoso estava por vir: os desencarnados estavam divididos em três grupos, todos obedientes a um chefe, que os mantinha atrelados ao seu grande poder hipnótico de mando.

Um grupo induzia à bebida; outro, ao tabagismo; o terceiro, não tinha ainda "mérito" junto ao chefe para agir por conta própria.

Alguns dos hipnotizados, deste terceiro grupo, suplicavam ao chefe:

– Por favor, não agüento mais de vontade de beber só um pouquinho e depois ao menos dar uma tragadinha.

Outros pediam, humilhados e submissos:

– O que quiser eu faço, depois de um cigarro. Deixe-me acender este aqui.

E os alunos, boquiabertos, viram aquele déspota tirar do bolso alguns cigarros. Olharam admirados para Irineu e Rodrigues, de certa maneira os questionando, como era possível ter cigarros ali, no plano espiritual.

Irineu, com muita calma e propriedade, apenas esclareceu:

– O que vocês estão vendo como sendo cigarros na mão dele não passa de uma projeção hipnótica.

Juventino não se conteve:

– Como assim, projeção hipnótica? Pois nós também estamos vendo os cigarros...

E completou:

– Será que nós também estamos hipnotizados?

Com muita paciência Irineu concluiu o que dizia quando foi interrompido:

– Não, nenhum da nossa equipe está hipnotizado. No plano em que estamos o pensamento é uma usina energética que põe em funcionamento a fábrica de qualquer coisa na qual o espírito se fixa. Como esses infelizes irmãos do nosso plano estão carentes da altamente prejudicial energia do tabagismo, sujeitam-se a qualquer infâmia para serem saciados. E o chefe deles, que detém o conhecimento de como operam as correntes mentais, consegue mesmo "fabricar" algum material que sob sua vontade adquire a forma de cigarro. O fato de nós também visualizarmos esse material decorre da circunstância do Plano Maior que nos autoriza a presença aqui, de forma a que todos possamos refletir no mal que causamos a nós mesmos, quando nos entregamos a qualquer vício.

Os alunos ouviam e ficaram cada vez mais perplexos com o que jamais pensaram que pudesse acontecer com os fumantes. Aliás, muitos deles tinham mesmo sofrido sérias recaídas após a desencarnação, pois sendo tabagistas e portadores de doenças pulmonares não puderam atender ao vício. Por merecimento, foram socorridos e os que afastaram por definitivo o vício puderam ser recolhidos ao Abrigo Simão Pedro.

Mas, se possível for, surpresa ainda maior para os alunos, em termos de espanto, estava por vir. Foi Rodrigues quem lhes chamou a atenção:

– Vocês estão vendo que os infelizes do nosso plano têm cigarro, mas não está faltando o principal?

A pergunta pegou a todos de surpresa e nenhum deles soube responder. Rodrigues insistiu:

– Amigos, digam se não está faltando algo nesses tristes episódios...

Os alunos, por mais que refletissem, não conseguiram achar a resposta.

Rodrigues deu-lhes uma dica:

– Quando alguém quer fumar o que é preciso para satisfazer esse vício?

– Cigarro! – responderam em coro.

Rodrigues deu a pista final para o simples enigma que criara:

– Com o cigarro na boca o que acontece?

Aí a turma atinou com a resposta e foi Juventino que exclamou:

– Fogo!

Rodrigues sugeriu a todos que apenas observassem o drama pungente.

O chefe dos "sócios" invisíveis distribuiu um cigarro para os que solicitaram e só então os autorizaram a se aproximar dos encarnados que fumavam e encostaram a ponta dos seus cigarros aos dos fumantes. Na mesma hora os cigarros "do além" também se acenderam e os portadores deles, sempre mantendo ponta de um no outro, tragavam ao mesmo tempo com os encarnados que, sem saber, dividiam aquele veneno pulmonar com sócios indevidos.

Os monitores pediram à equipe que pensasse firmemente em Jesus e que fixasse a visão nos pulmões dos encarnados e dos desencarnados. Impressionante: os alunos viram, nos primeiros, uma gosma negra, qual piche e nos segundos, pequenos raios desfigurando a estrutura pulmonar. Mas o mais fantástico foi a visão de minúsculos e ativos parasitas astrais, em todos eles.

Depois, fortemente induzidos pelos dois monitores, fixaram a visão nos perispíritos dos infelizes, de ambos os planos. Por instantes – apenas por instantes, para não gerar desequilíbrios nos estagiários –, a visão foi assombrosamente chocante: o corpo perispiritual, como que capeado por uma tela protetora, radiante e oval, apresentava essa tela esgarçada e com buracos, pelos quais adentrava mais matéria deletéria, vinda da atmosfera pestilenta daquele ambiente. Em conseqüência, cada conjunto desses apresentava cores escuras e exalava mau cheiro.

Dois componentes da "Betelgeuse-Juventino" não suportaram as cenas das baforadas "de cá e de lá", além dos prejuízos físicos e espirituais, tudo realmente difícil de ser visto em clima de equilíbrio e pediram para sair dali. Os monitores não só concordaram como solicitaram a todos que se retirassem, após o que os conduziram a um local tranqüilo àquelas horas da madrugada terrena.

No céu, as estrelas piscavam arteiras, como que mandando beijos para a equipe "Betelgeuse-Juventino".

Os monitores explicaram que mais à frente a classe poderia ter maiores esclarecimentos sobre os danos perispirituais. Então, ensinaram::

– E isso será muito importante para todos, pois aprendemos aqui, no plano espiritual, que não há medicina só do corpo físico, mas do conjunto: espírito, perispírito e organismo terreno.

Juventino, diante do que presenciara, num relance, lembrou-se dos seus problemas respiratórios e perguntou a Irineu:

– Será que eu fui parar no meio daqueles tuberculosos por causa do cigarro?

Irineu, que tinha dados informativos individuais de toda a equipe, e de mais de uma vida física, fez Juventino refletir:

– Vamos ver se você consegue acompanhar o raciocínio lógico que tantas vezes foi sugerido no preparatório do curso "Construções" – e fez uma pergunta, para responder à pergunta inicial: – Quando uma doença tão grave como a tuberculose se manifesta no corpo de alguém, quais causas prováveis podem ser inferidas?

Juventino pensou, pensou e respondeu:

– Que esse doente, de alguma forma, ou desrespeitou o próprio corpo ou terá sido responsável por esse mal a alguém.

– Pode exemplificar ambas as hipóteses?

– O desrespeito ao próprio corpo seria com o cigarro, ou melhor, com os milhares de cigarros que o fumante traga na vida; quanto ao segundo caso, quem sabe se impôs condições perigosas a alguém, de clima rigoroso ou permanência em local insalubre...

– Muito bem! – Exclamou Irineu, que acrescentou: – para explicar melhor o que você citou, só falta você nos dizer se o tempo de ação dessas coisas acontece no presente ou no passado.

Juventino pensou de novo e logo respondeu:

– Imagino que tanto pode ser no presente quanto no passado. Para ter aproximação com a verdade, será necessário um exame da vida dos que agora passam por essa doença...

Foi com tranqüilidade que Irineu sugeriu:

– Por que você não comenta seu próprio caso?

– Eu?!

– Sim. Por que não?

– Eu... Eu... Estou muito preocupado com tudo que aprendi e mais assustado ainda com o que acabamos de ver.

– Não queremos confissão, Juventino; queremos um instrutivo desabafo. Vai fazer bem para você e para todos nós.

Juventino abaixou a cabeça, envergonhado, mas diante da serenidade de Irineu e do olhar manso que vislumbrou em Rodrigues, além da expectativa gerada em seus companheiros de equipe, criou coragem. Olhou para o céu, como que esperando apoio de lá.

E o apoio veio, na mesma hora: viu a lindíssima Betelgeuse.

Começou a falar:

– Tenho medo, muito medo, de relembrar meu passado, cujo conhecimento tive a bênção de conhecer, em parte, lá no Abrigo Simão Pedro. Na última existência terrena sofri durante muitos anos com dores horríveis nos pulmões e só quem passou pela tuberculose pode avaliar esse tormento. Além do sofrimento físico, veio o espiritual: fui obrigado a me afastar dos familiares, meus pais, minha esposa, meus filhos... Agora, com as lentes abençoadas que tenho, pelo conhecimento e pela crença absoluta na justiça divina entendo que meus problemas só podem ter tido causa em outras vidas, pois na última, eu jamais coloquei um cigarro na boca.

Agora foram os colegas dele que ficaram perplexos.

Criou coragem e, com absoluto constrangimento, do que borbulhantes lágrimas davam conta, contou aos amigos:

– Pude ver lances das minhas três existências terrenas anteriores à última, acontecidas num espaço de uns cento e setenta anos. Na primeira delas fui pescador, gostava de maltratar os peixes e animais, fiquei perdidamente apaixonado por Annete, a minha Enedine... Morri afogado, ainda jovem e depois de muito sofrimento fui socorrido. Aprendi a gostar dos animais e até a tratar deles; mas os pulmões já estavam algo danificados, não só pelo mal que causei nos peixes, negando-lhes entrar na água, como pelo afogamento que sofri. Já na segunda vida passada que vi, nasci numa família de pescadores e lá eu nunca quis pescar um único peixe. Inclusive, tornei-me famoso "médico de animais", pois tratava bem dos bichos, mas também aproveitava e desrespeitava suas donas... Fui morto por um marido ciumento e o tiro acertou-me o pulmão. Indispensável dizer quanto sofri com dores no peito, dores que nunca terminavam. Vencido e querendo morrer, desesperava-me quando "almas penadas" gritavam para mim que eu já estava morto. Annete, nunca mais eu vi. Fui salvo por um velho que já me ajudara antes e que me conduziu a um estabelecimento hospitalar onde fiquei internado. Naquele estabelecimento, recebendo aulas do *Evangelho* de Jesus, me dei conta das barbaridades que houvera cometido e da perda de tão abençoada oportunidade de redenção. E na terceira etapa do passado, fui mau patrão e por minha causa escravos ou empregados morreram com doença pulmonar. Eu também, ao envelhecer, fui vitimado pela mesma doença.

Respirou fundo e prosseguiu:

– Não houve escape. Voltei ao carro físico, só que dessa vez padecendo de insuficiência respiratória desde o berço. Pouca resistência física... Mesmo assim constituí família e tinha cinco filhos quando fui acometido de tuberculose. E para onde fui levado, em busca de cura? Para uma cidade no alto das montanhas e que no inverno até as flores, que nas outras estações são muitas, belas e perfumadas a mais não poder, ficam mudas de cor e perfume, envolvidas por geadas que dão cabo de muitas delas. Naquela cidade vivi por doze anos, até que com pouco mais de cinqüenta anos cruzei a fronteira da vida, indo parar não no reino da morte, que não existe, mas no plano da vida em continuidade. Por uns cinco anos sofri, perambulei, me desesperei, até ser trazido para cá. O resto, todos vocês sabem.

Toda a equipe, incluindo também os dois monitores, estava comovida com o drama de Juventino. Irineu tomou a palavra:

– Meus irmãos, não julguemos uns aos outros, mas louvemos a Deus a oportunidade do aprendizado.

Respirou fundo e prosseguiu:

– Deus, que é o amor absoluto, criou-nos para sermos felizes e não para as dores. Mas essa felicidade, para ser justa, deve ser uma conquista pessoal. Cada um dos filhos de Deus ganha infinitos meios e oportunidades de evoluir, absolutamente iguais para planar nos campos férteis da paz.

E arrematou:

– Nos casos em foco, do nosso irmão Juventino, vimos que por várias existências ele foi abençoado com a condição de auxiliar ao próximo. E o que aconteceu? Descumprindo perante a própria consciência aquilo que havia prometido a si mesmo cometeu erros sobre erros. A vida, sempre generosa, impediu nessa existência que ele acaba de vivenciar que voltasse ou que continuasse na mesma equivocada trilha de maldades. E o que aconteceu? Foi-lhe dado pela misericórdia divina, por bênção inapreciada e inapreciável, um tempo de reflexão. E como nada há melhor do que ofertar exemplos, ele teve um aprendizado prático, pessoal, consentâneo com as conseqüências dos problemas que criou para os escravos e os empregados do cimento. Foi-lhe branda a lição, fruto dos créditos obtidos quando ajudou a alguns desencarnados sexólatras e principalmente a animais abandonados, feridos, maltratados.

Olhou calmamente para todos e concluiu:

– Agora, não posso afirmar, mas é quase certo que ele não voltará a uma nova etapa com problemas, mas sim com soluções.

Juventino e os colegas ouviam Irineu com profundo respeito e, como ele fizesse um longo silêncio, um deles não se conteve e perguntou:

– O que vai ser dele na próxima experiência terrena? O que você quer dizer quando cita que será "portador de soluções"?

– Tenham presente que falo em tese e o que digo vale para todos, inclusive para mim e para Rodrigues. No caso do Juventino ele poderá, por exemplo, solicitar a bênção da difícil carreira de médico pneumologista... Se reunir merecimento, com certeza o Pai o atenderá. E isso, repito, é válido para todos vocês e para todas as atividades profissionais.

E diante da agradável reflexão, antes que fossem gerados mal-entendidos, Rodrigues houve por bem consolidar o que Irineu dissera:

– Muitos são os caminhos que Deus põe à disposição de todos nós, quando chega a hora de assumir nova existência terrena. Assim, nunca deveremos diagnosticar que aquele que exercita essa ou aquela atividade terrena tem necessariamente débitos a quitar nessa área ou especialidade. Não. Não é assim que funciona a reencarnação. Um dos seus vários postulados, aliás, todos eles generosos, preconiza que estagiemos no maior número possível de atividades, para que possamos acumular aprendizados. Assim, ser isso ou aquilo nem sempre será declaração de débitos correlatos.

Juventino, eletrizado, matutava no que acabara de ouvir. Depois, indagou:

– Médico? Eu?!

– Sim – Irineu respondeu com calma, explicando à equipe –, é claro que ninguém precisa ser médico para evoluir, mas essa é uma boa hipótese, vocês não acham?

– Mas – argumentou Juventino –, como é que uma pessoa sem nenhum preparo, como eu, pode ser médico?

– Simples, Juventino: estudando, estudando, estudando; praticando, praticando, praticando; mas, acima de tudo, amando, amando, amando!

Juventino e os amigos não conseguiam dizer palavra.

Um deles o socorreu:

– Irmão Irineu, será que todos nós também vamos, ou melhor, poderemos ser médicos?

– Isso só depende de vocês. As profissões, todas elas, ofertam oportunidades de variados aprendizados, mas para progredir moralmente em qualquer uma delas uma constante é indispensável: fazer com amor o que fizer. E isso envolve amar as pessoas que de uma forma ou de outra orbitam nessa profissão, qualquer que seja o nível de atividade que desempenha. No caso dos médicos, por exemplo, o amor à profissão abrange os pacientes, seus familiares, além dos colegas médicos e dos auxiliares, aí compreendendo enfermeiros, administradores, funcionários em geral dos hospitais e os das empresas que os atendem.

Os estagiários ficaram um pouco desnorteados com a resposta, mas Irineu disse mais:

– Há profissões que possibilitam prolongada vivência junto a pessoas sadias ou doentes, do corpo ou do espírito. E é nessas que encontraremos maiores oportunidades de crescimento espiritual. Toda vez que auxiliarmos a alguém, sem dúvida alguma será a nós mesmos que estaremos auxiliando.

Rodrigues considerou oportuno complementar, enunciando detalhes que na verdade se encaixavam para todos:

– O tempo de permanência de vocês aqui não tem limite rígido. Mas, uma vez que demonstraram vontade de melhoria, todo um programa preparatório, qual vestibular da próxima reencarnação, já começa a ser delineado,.e isso envolve atividades individuais e em equipe, como o que estamos realizando.

Fazendo pequena pausa, logo adiantou:

– Como tantas vezes já informamos, há uma probabilidade dos estágios de vocês, nos dois ciclos, durarem cerca de vinte anos. Pode parecer muito tempo, mas não é – verão que quando chegar a hora do retorno às lides terrenas, tudo terá parecido que teve a duração de um, ou pouco mais de um ano.

Concluindo suas observações o monitor ainda afirmou:

– O alcoolismo, o sexo irresponsável e insatisfeito, a toxicomania em geral, as fixações psíquicas de crimes, enfim, toda a gama de erros humanos causam perturbações semelhantes às que vocês presenciaram. E mais grave: sempre com a competente assessoria da triste e invisível sociedade de irmãos nossos, desequipados do corpo material.

Faltava pouco para o Sol assumir o comando da luz terrena.

As estrelas já se preparavam para saudar a aurora, que pespontava.

A convite de Rodrigues, a equipe estava em oração e quando terminou a prece o estagiário Cirilo comentou:

– Olhem! Olhem! Ela vem vindo... Como é bela!

Todos pensaram que Cirilo se referia à aurora, mas não era...

– É ela! A Enedine! – insistiu Cirilo, apontando para outra direção, diferente do horizonte.

Todos olharam para a direção apontada e aí, para os olhos de Juventino, mais bela que a resplandecente aurora... a sua amada Enedine.

Sim, ela era que se aproximou do grupo e dirigindo-se fraternalmente a todos tomou Juventino pelas mãos e abraçou-o com ternura.

Cirilo, intempestivamente, comentou:

– Prazer em revê-la, Enedine. Você está mais linda.

Assim dizendo foi se aproximando dela, segurando-lhe o braço como se fosse abraçá-la, mas Juventino, captando grande inconveniência no colega, talvez por ciúme, pediu a Irineu autorização para realizar uma breve caminhada com Enedine, a sós, no que foi prontamente autorizado.

Quando se afastaram, Juventino, trêmulo de felicidade, balbuciou:

– Oh, Enedine! Como sonhei com este momento...

– Eu também, eu também.

– Estou gostando demais do estágio que estou fazendo.

– Graças a Deus! Eu já vou indo para o segundo ciclo...

– Já sei o que quero ser, quando "voltar".

– Ah, sim? E pode me dizer?

Enedine foi surpreendida. Jamais imaginaria a resposta:

– Seu marido!

Assim falando Juventino enlaçou-a delicadamente pela cintura e o suave beijo que trocaram foi testemunhado pelo Sol, que acabara de despedir a noite e cumprimentava a Terra, enviando-lhe seus fulgurantes raios.

Enedine, feliz, feminina, brincou:

– Só marido? Não quer também ser pai dos meus filhos?

Os olhares de ternura que trocaram foram o selo de um sublime contrato, celebrado bem longe, no tempo e no espaço, de quando e onde ele se cumpriria...

Voltaram para o grupo e, após as despedidas de Enedine, os monitores informaram que também deveriam retornar ao Abrigo Simão Pedro.

No segundo ano de estágio a equipe, agora denominada "Betelgeuse-Olga", visitou vários hospitais da espiritualidade, iniciando aprendizado em atendimento espiritual a doentes.

Também foram realizadas visitas a antros de sexualidade pervertida, com finalidade exclusiva de socorro espiritual. Detalhes deixam aqui de ser expostos, por respeito à literatura evangélica e à bênção da escrita, pois divulgar o mal, detalhando-o, é render-lhe tributo.

Apenas fica o registro que a equipe de Juventino, sob coordenação de Irineu e Rodrigues, numa dessas visitas encontrou o "Chefão" e seus quatro companheiros chorando, perdidos, agoniados, famintos e com frio.

Juventino exclamou, espontâneo:

– Conheço-os... Com eles quase me perdi. Tenho compaixão por eles. Será que poderemos ajudá-los?

Antes que os monitores respondessem que tinham ido ali com essa finalidade, "Chefão" apontou para Juventino e, agarrando seus companheiros, deu um grito:

– Deus ouviu nossas preces: aquele amigo nosso já está na luz...

Foram socorridos, encaminhados a refazimento e esclarecimentos em instituição apropriada. Antes de serem conduzidos por enfermeiros que os monitores requisitaram, "Chefão" prometeu a Juventino:

– Amigo, quando precisar da gente, é só chamar.

De fato, alguns anos à frente, a equipe de Juventino viria mesmo a utilizar a boa vontade daquele grupo, então em franca recuperação.

No terceiro ano, a equipe "Betelgeuse-Bartolomeu" estendeu o aprendizado de atendimento, visitando por meses e meses vários centros de aprendizado cristão, participando de reuniões mediúnicas, como auxiliares, sobressaindo de todas as lições a imperiosa necessidade de amar. Amar a Deus e ao próximo!

No quarto ano, a equipe "Betelgeuse-Isac" foi conduzida a hospitais terrenos, alguns de atendimento especializado. Ali os estagiários já tinham condições para prestar algum auxílio aos doentes. Essa autorização só era dada aos voluntários. E todos o eram!

A orientação era dos monitores, mas a caridade era do coração de cada um. Essa, aliás, era norma para as demais equipes, indo cada uma para a região terrena onde pudessem presenciar e testemunhar as conseqüências dos desvarios humanos.

Cada estágio, assim, acontecia ora no plano espiritual, ora no terreno e sempre com a duração aproximada de um ano. As equipes, como já dissemos, participavam de todas essas atividades, em rodízio.

Foram feitas visitas ao meio rural, a pequenas cidades, a metrópoles.

E isso, sempre alternando visitas em países diferentes, com presença de verificação e aprendizados em todas as camadas sociais.

E assim os estágios foram se sucedendo, havendo em cada um deles pausa para uma ou outra visita a familiares encarnados. Nessas ocasiões, ora Juventino visitava Enedine, ora era visitado por ela; essas visitas entre "namorados" também aconteciam com muitos dos estagiários.

No último ano, todas as equipes das várias tarefas especializadas voltaram ao Abrigo Simão Pedro, onde as atividades aconteceriam com todos os participantes do curso reunidos.

Cada equipe recebeu a seguinte informação dos monitores:

– Vocês estagiarão neste último ano do primeiro ciclo no "Pavilhão do Ontem", em que cada estagiário disporá de uma cabine individual com equipamento que possibilitará rever os mesmos quadros que viram individualmente. Só que, para efeito de aprendizado e reflexão, não será identificado aquele que de tropeço em tropeço caiu tão fundo, seja por injúrias físicas ou morais, em si mesmo ou em outrem, com as inevitáveis resultantes do desperdício da oportunidade reencarnatória, acrescido da aquisição de culpa.

Informação importante foi passada para todos:

– Cada um, vendo, analisando e refletindo sobre os dramas apresentados poderá entender as infinitas ligações que a vida nos proporciona. Às vezes nos reconheceremos em tais desvios evangélicos. Outras vezes, identificaremos familiares e seus procedimentos. A conclusão, que será individual, será boa se uma verdade inapagável se alojar na mente: todos erramos, "estamos" imperfeitos, ninguém tem direito de julgar o próximo. Deus é a caridade infinita e a melhor maneira de usufruirmos dessa caridade será praticá-la.

Por meses seguidos, os estagiários estiveram naquele abrigo, examinando, refletindo e aprendendo, de forma indelével, como a criatura humana não aproveita as incontáveis bênçãos concedidas por Deus.

O *Evangelho* de Jesus era para eles companhia inseparável.

Juventino e todos os demais colegas de todas as equipes puderam visualizar uma infinidade de patologias – origem e efeitos: carência ou desequilíbrio de cada um de vários hormônios; enfermidades dos ossos, do sangue, dos sentidos; perturbações no funcionamento de um por um dos órgãos; danos cerebrais, desequilíbrios neurológicos.

Aprenderam vendo os doentes e seus problemas – sempre conseqüência de procedimentos equivocados, seja na presente ou mesmo em vidas passadas – e puderam compreender e gravar fortemente na memória os problemas advindos do desrespeito ao corpo humano – a inigualável, por divina, maravilhosa máquina engendrada pela engenharia divina.

Cada aluno, deslumbrado, via todos os itinerários percorridos, que eram passados numa grande tela, como se os personagens – crianças, jovens ou adultos, doentes, saudáveis, ricos, pobres – estivessem ali, pessoalmente, narrando eles próprios, seus descaminhos e seu sofrimento. O mais incrível dessas exibições "ao vivo" é que quando um personagem contava seu caso, os envolvidos também surgiam na tela, sempre dando a impressão nítida de estarem ali!

Nos últimos três meses do ano, em repetidas ocasiões cada estagiário se via espelhado nas cenas vivas, ou então, se lembrava de acontecimentos com familiares, amigos ou desafetos. O tempo de visualização dessas cenas era pequeno, na parte da manhã, sendo reservada a parte da tarde para seminários evangélicos, sempre à sombra de generosas árvores, voltados em particular para a correção de procedimentos, a denominada auto-reforma.

Só então, equipados desses conhecimentos sublimes é que os estagiários, finalmente, receberam uma notícia que os fez chorar: poderiam se reencontrar com seus familiares desencarnados. Foram advertidos, porém, que não deveriam gerar expectativas de recepções festivas ou afetivas, pois talvez alguns deles – não todos, mas sempre um ou outro – não estivesse em condições sequer de aproximação, por estar mergulhado em trevas. O amparo de Jesus, sobretudo, sempre esteve e estará presente junto desses infelizes. Que os estagiários estivessem preparados!

As visitas foram mesmo feitas. Muita alegria, muitas lágrimas, saudades trocadas, amizades fortalecidas... Quanto à tristeza junto aos desajustados das Leis Morais, muitos estagiários se reuniam e oraram por eles, não apenas os conhecidos ou consangüíneos.

Quando o primeiro ciclo terminou, restou indelével na mente dos alunos a justiça da Lei Divina de Ação e Reação.

Um noivado de século e meio!

INICIANDO O SEGUNDO ciclo, com previsão de durar cerca de dez anos, os estagiários já detinham apreciáveis conhecimentos gerais, particularmente sobre as conseqüências dos descaminhos do espírito, causadores de seqüelas no perispírito, com reflexos no corpo humano: doenças – causas e efeitos.

Aprenderam também sobre a justiça divina, o amor de Deus, a caridade de Jesus e dos espíritos protetores, sempre prontos a dispensar redobradas bênçãos. E o mais eficiente canal de aproximação com essas sublimidades: a prece, feita de coração.

Vezes sem conta tinham visitado, não apenas como observadores, mas também como adjuntos dos espíritos protetores, os ambientes espirituais e terrenos, de paz ou tormento, de alegria ou tristeza, de felicidade ou de dor.

À exaustão ouviram e presenciaram incontáveis exemplos de que só pela auto-reforma é que o indivíduo se recupera dos erros cometidos. E, no caso, o primeiro passo da auto-reforma é sempre o reconhecimento do erro, seguido do arrependimento, complementado pelo remorso e ações de reconstrução moral.

Expiações e provações nada mais representam do que a bondade do Criador, proporcionando quitação às criaturas em débito ante a consciência.

A grande novidade desse segundo ciclo foi anunciada pelo doutor Demócrito, na sua fase inicial:

– Até aqui vocês sempre estiveram sob tutela de monitores abnegados, bondosos, experientes e competentes. De agora em diante vocês passarão a ser monitores. Terão autonomia de execução nos projetos caridosos do Abrigo Simão Pedro. Sejam fraternais com os estagiários recém-admitidos nesta abençoada casa.

Houve uma surpresa agradabilíssima, imensa, em todos os corações.

Uma primeira recomendação foi repassada:

– Talvez não tenham percebido, ou mesmo analisado ou refletido, mas, nestes anos todos, nenhum de vocês viu um monitor no restaurante... E o que isso quer dizer? Simplesmente que, a partir dessa láurea, sua condição espiritual os habilita a não mais ingerirem alimentos como os lá encontrados, e sim, aqueles que a própria natureza oferece, em sua psicosfera, dependendo, porém, do constante pensamento no bem.

Dessa forma, os novos monitores se aplicaram com muito esforço nas novas atividades. De tempos em tempos, variando os períodos de alguns meses a um ano ou de até mais tempo, os novos monitores decidiam, eles próprios(!), se deveriam e podiam fazer incursões de visitas a familiares, encarnados ou desencarnados.

Por respeito aos diretores do curso "Construções", os monitores sempre submetiam à aprovação deles os endereços e o tempo desses "recessos pedagógicos" e de seus breves afastamentos para viagens.

Assim como Juventino, que sempre que possível estava com Enedine, tanto quanto ela também procurava estar com ele, os demais estagiários se deslocavam para outros abrigos ou outros territórios da espiritualidade, onde iam se encontrar com os seus amores.

Com o passar do tempo houve até caso de monitores serem surpreendidos por algum diretor questionando sobre excessiva dedicação...

Um surpreendente convite foi repassado para todos os estagiários: quem desejasse, uma vez por ano poderia ter a companhia de um animal doméstico por uma semana, enquanto permanecesse na Cidade dos Três Arco-Íris. A alegria foi geral. Apenas por uma semana, pois logo esses animais deveriam ser reconduzidos ao plano terreno. Muitos escolheram cães; outros, gatos; houve quem escolhesse cavalo, coelho, tartaruga.

Juventino, que há muito tempo aprendera a amar os gatos, pediu e ganhou a companhia de um filhote de uns dois meses, "super vira-lata", dengoso como ele só. Quando teve de "devolvê-lo", homem e animal tinham um pingo em cada olho... Juventino, com emoção e amor, pediu a Jesus que um dia os reunisse de novo...

Os encontros de Juventino com Enedine cada vez mais alicerçaram o amor entre ambos, que ia se fortalecendo, crescendo, na doce magia de amar e ser amado. Enfrentaram os dois, não poucas vezes, a dificuldade de como aplacar e dominar a paixão, que de forma que não sabiam explicar, por vezes os surpreendia.

Sentiam-se invadidos por uma estranha e forte vontade de fazer e receber carinhos. Mais que carinhos, carícias... Intensas...

Nessas ocasiões, o pensamento deles se desestabilizava qual flecha atirada a esmo e surpreendida em pleno vôo com ventania. Essa flecha – o desejo – percorria o espaço, sibilante, perigosa e sempre com riscos de atingir o alvo da perda da qualidade espiritual já adquirida.

Compenetrados, contudo, de que tais situações eram como testes, para um e outro, de fato ou ela ou ele conseguia interromper a trajetória dessa flecha simbólica, isto é, frear tais impulsos. Sempre pela prece!

E assim, em seus encontros, traçavam planos e mais planos para "a volta". Trocavam juras de amor, idealizavam novos encontros, tudo com a certeza plena de que de fato a vida é contínua, ora num, ora noutro plano existencial. E que cada coisa tem o tempo certo para acontecer...

Só um tormento escaldava-lhes a mente: o desconhecimento de como é que poderiam ou iriam se encontrar quando "voltassem", pois o mundo é tão grande... Confiavam em Deus, mas...

Essa dúvida, torturante para eles, cada vez mais lhes rondava a futura felicidade; por isso, levaram-na a Irineu.

Após ouvi-los, até achando graça com essa preocupação, Irineu disse-lhes:

– Meus filhos, o amor é a expressão de Deus que mais aproxima as criaturas e é em nome dele que vocês e todos os pares que se amam e assumem compromissos. Pode parecer que isso acontece no plano terreno, mas, na realidade, essa é programação pré-reencarnatória, desde que existe o ser inteligente. Pela sublime engenharia divina há uma escala de sintonia mental, do qual um grau específico, único no universo todo é conferido a dois corações que se amam e comungam ideal amoroso. Esse grau os acompanha para a eternidade!

Irineu detalhou:

– Esse grau que extravasa da aura tem um som, uma cor, um calor, um aroma e uma textura que só os sentidos do corpo perispiritual conseguem captar. Não há hipótese de alguém mais identificar esse sublime sinal. É assim que quando para dois corações é chegada a hora de iniciarem a caminhada planejada, esse som, essa cor, esse calor e esse aroma fazem vibrar um acorde que só o outro coração tem condições de sentir.

Como os dois estivessem maravilhados, Irineu deu-lhes tempo de reflexões e a seguir retomou:

– É assim, desde sempre e em toda a imensidão universal que o ser pensante que ama se une a outro que o ama. E tal mecanismo atua desde os primórdios evolutivos, quando a diferença de sexos, pela sabedoria divina, os reúne sob um mesmo projeto de vida, a dois, para se ajudarem mutuamente, ao tempo que são também co-criadores, prepostos do Pai, humildes sim, e pequeninos também, mas verdadeiros delegados da criação, quando dão vida a uma nova vida: filhos!

Irineu considerou oportuno ajuntar:

– O amor puro não é vivenciado apenas uma vez pelo espírito. Na verdade, sempre que dois espíritos se unem por ele, formando a família com ou sem filhos, geralmente essas uniões se repetem nos planos da existência terrena não poucas vezes. Mas completado todo um ciclo de aperfeiçoamento e de convivência plena na paz, novas almas e novas uniões irão surgindo na vida de cada ser, na mesma processualística de crescimento moral. Até que um dia, distante no futuro, mas aproximando-se segundo a segundo, todos os espíritos estarão amando a todos os demais, como o amor integral que Jesus exemplificou por todos nós.

Quando o espírito integraliza o amor por toda a humanidade, a sintonia mental já não mais será de um grau, mas sim, total.

Decorridos cinco anos do segundo ciclo, isto é, Juventino e sua turma já estavam há dezoito anos mergulhados nas abençoadas atividades do Abrigo Simão Pedro, ele e seus colegas volta e meia realizavam visita a algum centro espírita. Desde logo perceberam que os centros espíritas, além de se constituírem em abençoados pronto-socorros para espíritos dos dois planos, da mesma forma são celeiros abençoados não só de aprendizados, mas também de oportunidades de praticar a caridade.

Nenhum deles dominava ainda a faculdade da volitação, o que não impedia que conseguissem se deslocar, pois sempre havia um veículo apropriado a conduzi-los. Quanto à volitação, já havia sido informado à equipe que com bastante dedicação e treinamento, chegaria o momento de dominarem tão valiosa faculdade.

Numa dessas visitas ele teve uma das maiores alegrias de que tinha memória: a equipe adentrou na humilde casa de oração e acomodou-se em amplos bancos, coletivos, aguardando as atividades espirituais. Cerca de quinze minutos antes dos trabalhos se iniciarem, quem chegou no singelo ambiente? Marcos, seu neto na última existência terrena, mas irmão amado em outra existência do passado e que quase quinze anos atrás ele abraçara pela última vez, agora era médium vidente, atuante...

Juventino não conseguiu impedir que lágrimas aflorassem e rolassem pela face.

Marcos sentou-se e fixou o pensamento em Jesus, como sempre fazia ao chegar. De olhos fechados viu o avô. Reconheceu-o e sentiu a mesma alegria. Mentalmente estabeleceram diálogo rápido, pleno de fraternidade.

Na seqüência dos estágios, Juventino foi contemplado com notável oportunidade de exercitar o que vinha há já muito tempo sendo recomendado, não só a ele, mas aos demais: o perdão. De fato, foi convocado pelo doutor Demócrito para comparecer ao Instituto Simão Pedro e ao chegar disse-lhe o bondoso mestre:

– Ora, ora, irmão Juventino. Tenho notícias suas e dos seus companheiros de equipe e muito me alegram. Que Deus os abençoe. Persevere, caro amigo, persevere...

Após um instante de reflexão, foi direto ao motivo da convocação:

– Sabemos que você está apto a realizar vários tipos de atendimento e por isso estamos submetendo à sua aceitação um bem difícil... Emídia, sua esposa, está de volta. Deverá aportar na espiritualidade em menos de vinte e quatro horas.

Olhando fixamente Juventino, o mestre perguntou:

– Você se oferece para recepcioná-la?

Sem pestanejar, Juventino respondeu:

– De todo o meu coração!

E assim, no dia seguinte, com mais dois amigos que atenderam seu apelo de o acompanharem, deslocou-se para o plano terreno e, sem dificuldade, conseguiu mesmo ajudar a ex-esposa, adormecida, a se desligar do plano físico e conduzi-la a uma instituição hospitalar, para refazimento da longa enfermidade que a vinha martirizando.

Meses após, quando Emídia pôde ser despertada, Juventino visitou-a com muita fraternidade e entre eles restou a lembrança do tempo – curto tempo – em que tinham sido felizes. Tornaram-se amigos, reconhecendo que sua união não fora por amor, mas bênção que propiciou reconciliação de um perdido passado de desavenças e oportunidade de reencarnação aos cinco filhos e netos.

Tempos depois, a manhã era bela e o Sol mandava alegrias insondáveis junto com luz e calor, quando o doutor Demócrito surpreendeu a todos os alunos, dizendo-lhes com ar grave:

– A partir de hoje e até o término do segundo ciclo do nosso curso "Construções", as atividades de vocês serão sublimadas...

Fez estudada pausa para captar o interesse da turma e, como todos se mantivessem em respeitoso silêncio, esclareceu:

– A formação de um médico, para realizar procedimentos de cura no organismo físico demanda sempre várias existências terrenas. Em cada uma delas, aquele que optou pela medicina como roteiro individual evolutivo vai acumulando aprendizados, experiências, vivências, pouco a pouco, existência após existência. Não é profissão fácil a de médico. Tanto que muitos nem sequer completam esse exercício profissional logo na primeira oportunidade que Deus lhes dá.

Respirou fundo e prosseguiu:

– É da Lei que todos os homens tenham respeitadas as suas escolhas, mas esse respeito só pode ser aplicado, ainda e sempre pelas Leis Divinas, quando a opção de um não interfira na vida de outro. A espiritualidade tem engenhosos e inimagináveis caminhos e meios para dar cumprimento ao progresso de todos os seres. Todos!

Respirou fundo e seguiu:

– O médico, em particular, recebe antes mesmo da reencarnação uma sobrecarga de energia específica em seus neurônios, habilitando-o a bem exercer a medicina. Aliás, não são apenas os médicos que recebem esse "prêmio neuronial": muitos músicos têm sobre-ativada a memória musical; atletas, determinados complementos musculares; artistas, em geral, acréscimos consideráveis na sensibilidade, na acuidade e na destreza manual; arquitetos, noções quase que sobrenaturais quanto à capacidade de produzir cálculos precisos.

Parou um pouco e retomou:

– Seria cansativo se fôssemos listar todas as nuanças de suplementação orgânica que recebem aqueles que de uma forma ou de outra recebem a difícil provação do destaque terreno.

Antes que alguém perguntasse, ele próprio esclareceu:

– Na paisagem terrena encontraremos, porém, espíritos de muitas vivências, não necessariamente com grande evolução moral, mas seguramente detentores de excelente patrimônio mental, fruto de multiplicadas vidas entregues àquilo que gostam de fazer. Acumulam tanta experiência específica, nas artes, nas ciências, nos esportes, que em suas existências terrenas extrapolam ao normal e se destacam mundialmente.

Com voz de longínquo lamento considerou:

– Quase todos não aproveitam esse dom que construíram e se entregam às sempre ruidosas quanto frágeis homenagens da fama... Não resta à Providência, a bem deles próprios, cercear-lhes por algum tempo tal capacidade e reencarnam algumas vezes frustrados naquilo. É assim que aprenderão que toda conquista, para ser valorosa, tem necessariamente que ter suas alegrias repartidas com a humanidade.

Não deixou o fio principal da sua aula se esgarçar:

– Voltemos ao caso dos médicos, que é o que mais de perto os envolve. A maior dificuldade do médico é ter consciência de que Deus, o Criador, engendrou a maravilha do corpo humano. E que ele, médico, é altamente premiado ao poder agir como humilde restaurador dos desarranjos orgânicos que a imprudência humana tenha provocado. A humildade, nesse quesito, sem dúvida alguma, é melhor conselheira, contudo, infelizmente, é a mais deslembrada das atitudes da maioria dos médicos.

Os alunos estavam com a atenção plena e Demócrito repassou-lhes:

– Outra grande dificuldade do médico é a manutenção do equilíbrio emocional diante da dor. Sim, quando o paciente sofre, o médico precisa ser justo no que diz respeito à entrega dos sentimentos à causa do alívio dessa dor, pois perante esses quadros, compaixão exagerada turva a mente, tanto quanto alheamento sufoca a piedade. Uma e outra conspiram contra a competência. Mas não se trata de ser compassivo ou piedoso: trata-se, sim, da precisão no diagnóstico, eficiência na prescrição dos fármacos e proximidade da perfeição nas cirurgias, a maioria delas invasiva na máquina e engrenagem mais perfeita da vida: o nosso corpo!

Sempre entremeando sua aula com pausas, parou um pouco e disse:

– Outra não tem sido a razão pela qual quase todos os médicos não tratam de pessoas queridas...

O silêncio de todos, se possível fora, agora até foi maior. Os alunos quase não piscavam e nem se ouvia respirarem. Aguardavam aonde o doutor Demócrito pretendia chegar.

E ele chegou:

– Cada um de vocês terá algumas aulas diferentes, pois nós vamos projetar em cada um, por vez, hipnoticamente, imagens do ser amado, apresentando grave patologia. Cada um vai ter registradas as emoções que sentir.

Nenhum aluno se dispôs a perguntar o quer que fosse.

Demócrito finalizou:

– Temos aqui no Simão Pedro um departamento devidamente equipado com cabines individuais, para que determinadas formas-pensamento sejam criadas a quem nelas estiver. Cada um de vocês estará ali por período de mais ou menos uma hora. Como disse, sozinho. Desde já lhes informo que cada um deve se imaginar como médico que precisa atender tal paciente. Isso não será difícil, pois, nesses anos todos, os do primeiro ciclo e os já vivenciados do segundo presenciaram uma infinidade de problemas, em encarnados e desencarnados e, de alguma forma, participaram do respectivo atendimento. Agora, é só acoplar essa ou aquela lembrança com a imagem mental de alguém que lhes seja querido.

Os alunos estavam extasiados e muito preocupados.

Mais ainda ficaram quando Demócrito acrescentou:

– Essa experiência será repetida, só que de forma inversa, isto é, por projeção simulada vocês passarão a ser o paciente e um colega será o médico atendente. Essa segunda experiência durará o tempo da anterior.

Mas foi a notícia seguinte que verdadeiramente deixou quase toda a turma sem fôlego:

– A terceira e última experiência será realizada com pacientes reais, isto é, doentes mesmo, que vocês irão atender. E estarão sozinhos.

O plural "pacientes" inquietou a todos. Demócrito justificou: seria nessa mesma sala e sempre com procedimento individual, um enfermo desencarnado, e no plano terreno, um de lá.

Finalizou a aula:

– Disse que estarão sozinhos. Contudo, nunca será demais lembrar que o amor de Deus está em todo o universo e que esse amor flui sobre todas criaturas, em todos os segundos. O doente é aquele irmão nosso em dificuldades e o médico é o enviado de Deus para sanar tais dificuldades. Como nós aprendemos que todos os males orgânicos são efeitos de causas espirituais, muitas vezes com origem em vidas passadas, cumpre atender, ao mesmo tempo, corpo e espírito, espírito e corpo. O que isso quer dizer? Prece! Sim, a prece do médico não é aquela proclamada em alta voz no atendimento, mas uma postura de alma respeitosa para com a natureza, mente ligada aos aprendizados, memória na caridade de Jesus e amor ao próximo no coração.

Juventino e seus colegas, um a um, passaram por essa fase final, dificílima! Cirilo também...

Dos cento e cinqüenta estagiários apenas vinte e sete conseguiram superar as grandes dificuldades das provas, de ação médica virtual e real.

Os que não lograram aprovação foram transferidos para outras cidades, nas quais realizariam atividades consentâneas com suas afinidades.

A esses Demócrito amparou, fraternal:

– Deus, nosso Pai, está em toda parte e proporciona aos Seus filhos a condição essencial do amor. Vocês levam em seus corações tesouros evangélicos e aprendizados úteis para ajudar ao próximo. Onde quer que estejam lembrem-se de que se não houvesse dificuldades e problemas não despontariam no espírito o exercício da prece, o emprego da inteligência e a felicidade de encontrar a solução correta e fraternal.

Finalizou, enfático:

– Jamais ouçam as sugestões da omissão. Fujam do calor da revolta e do frio da descrença ou da indiferença. Agasalhem-se sempre no *Evangelho* do Mestre Jesus. O porto da paz só é alcançado aos que se orientam pela bússola da caridade, vencendo a tempestade íntima dos impulsos egoístas, transformando-os em atos de amor ao próximo.

Doenças do espírito

NO ENCERRAMENTO DO segundo ciclo, dos alunos que iniciaram o curso "Construções" poucos estavam presentes. O doutor Demócrito convidou Alcebíades – um espírito elevado, diretor de uma colônia espiritual vizinha – a explanar mais algumas considerações para aqueles destemidos irmãos que perseveraram.

Recebido com carinho e demonstrando humildade e alegria, Alcebíades de início rogou a Jesus que amparasse a todos. A seguir, acentuou:

– Vamos, juntos, refletir sobre as doenças do espírito. Qualquer um aqui presente, por favor, me interrompa, quando julgar necessário. É de toda conveniência, para nossa própria evolução, que uma vez ou outra imaginemos que nossos últimos ou mais freqüentes atos estão numa peneira que nos ajuda na observância das Leis Morais.

– Qual seria essa peneira? – perguntou, e ele mesmo respondeu: – A da autocrítica, irmã gêmea da auto-reforma. Toda vez que nos diagnosticarmos afetados por uma determinada tendência negativa, bom será que de imediato essa peneira seja acionada. Não devemos ser generosos com os vãos entretecidos pelos fios da peneira: quanto menores, maiores serão as possibilidades de melhores diagnósticos.

Refletiu um pouco e volveu:

– Também não poderemos ser rigorosos conosco mesmos, pois se apertarmos muito os laços, tudo ficará sobre a peneira.

Assim, para facilitar um pouco esse árduo trabalho de radiografar nossa personalidade e nosso caráter, talvez seja viável listarmos as doenças espirituais que assim forem consideradas nesse auto-diagnóstico.

A seguir arrancou aplausos generosos e alegria dos presentes:

– E então, quais doutores experientes, o que afinal somos todos aqui, coloquemo-nos mentalmente diante de um espelho. Depois, mesmo de olhos fechados vendo a auto-imagem pela visão mental, elevemos uma prece a Deus, mais ou menos assim:

"Meu Pai, de amor infinito: permita que um anjo me ampare nessa jornada que vou empreender para dentro do meu espírito. Sei, Deus, que são incontáveis as experiências terrenas e as espirituais que já vivenciei. Assim, não desconheço que estou ainda um pouco longe da região da luz, do amor integral e da caridade para com o próximo. Meu esforço, neste momento, é no sentido de identificar as mazelas que habitam no fundo do meu subconsciente e fazê-las vir à tona da realidade. Não me reconheço bom. Mas, também, não me identificaria como totalmente mau. Sou apenas um peregrino pecador que pela estrada da vida está conduzindo seu passado, dele colhendo o que desde lá vem plantando. Mas, imploro por misericórdia, que eu tenha discernimento suficiente para não continuar errando tanto. Ou, dizendo de outra forma, que eu saiba, hoje, acertar mais do que errar, para cada dia me aproximar da felicidade, para a qual o Senhor criou todos os Seus filhos. Peço, com a voz do coração, que os espíritos que dividem comigo a bênção da família, igualmente sejam assistidos e imbuídos desse intuito de melhoria. Por tantas graças que sempre recebo do Seu amor, curvo-me ante a vida e a ela dou toda a minha gratidão!"

Feita essa prece, no silêncio e na aparente solidão que envolve aquele que consegue se recolher para o próprio íntimo, é certo que algumas considerações passarão a bailar em sua mente.

Dando tempo para análise mais profunda, asseverou a seguir:

– Uma das mais importantes reflexões que visita o espírito que se auto-analisa é justamente aquela certeza de que é portador de determinada doença espiritual, mas também traz em si mesmo o remédio para saná-la. Quando nos referirmos às doenças da alma, numa ligeira montagem de um esquema de pensamentos equivocados, seguidos das ações respectivas, vislumbraremos uma dualidade comportamental, de fácil entendimento e de dificílima extirpação.

Como alguns demonstraram que não estavam entendendo, detalhou:

– Muitos são os pensadores que preconizam a necessidade, às vezes, de várias etapas terrenas para que um único mal desapareça do rol dos nossos maus procedimentos. Não diríamos que estão errados. De forma alguma. Mas, de nossa parte, diremos que outro é o enfoque para essa realidade que é de todos nós: quando incorporamos no nosso viver uma única virtude, integral e definitivamente, é certo que inúmeros procedimentos infelizes cessarão.

Citando um novo conceito e como convite, solicitou aos que o ouviam, atentos e contentes:

– Peço para vocês me ajudarem a listar as doenças espirituais que geralmente se apresentam em forma de "duplas", ou se me permitem, de "casais". Digo uma primeira e vocês algumas outras. Eis a minha "dupla": quando há o ódio, logo surge a vingança.

Vários dos concludentes do curso se manifestaram:

"Nunca o roubo ou o furto está só, pois a traição lhes é avalista constante."

"A mentira anda de mãos dadas com o falso testemunho."

"A inveja é inseparável do incapaz em conquistar por si mesmo."

"O ciúme e a insegurança andam de mãos dadas."

"O orgulho nunca perde a vaidade de vista."

"A usura se posiciona atrás do egoísmo."

"O medo é o pai da falta de fé em Deus."

"A maldade caminha *pari passu* com o desamor."

"Onde está a cólera, com certeza ali está o crime."

"Em qualquer ato da violência, presente está o desequilíbrio."

"A intriga se alimenta de veneno."

"A ignorância sustenta o atraso."

"Para a obsessão é fundamental a existência do obsessor."

Como ninguém mais dissesse algo, Alcebíades comentou:

– Poderíamos enumerar outras tantas e tantas mais duplas, mas já basta. Agora, por favor, escolham uma dessas citadas, para tecermos alguns comentários.

A turma escolheu o "casal" "a inveja é inseparável do incapaz em conquistar por si mesmo".

Alcebíades argumentou:

– A inveja, uma das mais febris enfermidades, de fato, chega sorrateiramente e se faz invisível. Seu pouso é na mente e não nos gestos. Só um arguto observador poderia identificar os primeiros e pequenos sintomas da inveja, e sempre nos olhos do invejoso. Sim, ali, há um brilho estranho, fixo e que causa mal-estar em quem nele pousar sua observação. O invejoso teria mil modos de se livrar desse triste sentimento, na raiz, se decidisse, ou melhor, se por um único pensamento se imaginar conquistando, por méritos, aquilo que deseja e que no momento não é dele.

Concluiu o comentário sobre essa triste "dupla":

– Quando a criatura se contenta com o suficiente para viver com dignidade, em consonância com o meio social em que se situa, não cria idéias de grandeza, de luxo, de ostentação. Se deseja progredir, e isso é mérito em qualquer um, utiliza sua força mental e coordena os pensamentos de maneira que viabilize a maneira de, pelos próprios meios, conquistar aquilo que almeja, sem que isso prejudique quem quer que seja.

Olhou demoradamente a equipe e aconselhou:

– Meus amigos, meus irmãos em Jesus, meus colegas de ideal na medicina: o bom médico, antes de tudo, estabelece relação fraterna com o paciente, dentro de uma visão humanitária, sabendo de antemão que está diante de alguém com dificuldades. Ético e diligente, o médico, de início, só deve ouvir. Nesses momentos, em que um espírito se abre para outro, forças invisíveis do bem trabalham em favor de ambos: a favor do paciente, encaminhando a solução; a favor do médico, na maneira de como realizá-la.

Ao raciocínio clínico, baseado naquilo que tenha estudado e exaustivamente pesquisado, o médico deverá associar o raciocínio espiritual, sabedor que o paciente tem um histórico de infinitas vidas passadas, agora refletidas no problema, que não passa de uma gota que se esvai de um funil, quem sabe, cheio?...

Asserenou as palavras e proferiu em tom filosófico:

– Nós, que tanto admiramos Kardec, que se fez porta-voz das sublimidades siderais, devemos atentar bem para aquilo que há mais de cento e cinqüenta anos ele deixou registrado[27]:

"O perispírito é o órgão de transmissão de todas as sensações; (...) desempenha importante papel em todos os fenômenos psicológicos e, até certo ponto, nos fenômenos fisiológicos e patológicos. Quando as ciências médicas tiverem na devida conta o elemento espiritual na economia do ser, terão dado grande passo e horizontes inteiramente novos se lhes patentearão. As causas de muitas moléstias serão a esse tempo descobertas e encontrados poderosos meios de combatê-las."

Enfatizou:

– Companheiros, o futuro das ciências médicas, preconizado pelos espíritos, está chegando e vocês são os seus legítimos portadores. Em suas tarefas de assistência a enfermos encarnados,

27. *In Obras Póstumas*, 1ª Parte, § 1º, itens 10 e 12. (N.E.)

conjuguem diagnósticos – o espiritual, pela prece, pela intuição, pela fé em Deus e nos amigos do além, sabendo que o *Evangelho* de Jesus é remédio para todos os males; quanto ao físico, ajam segundo o que aprenderam nos bancos universitários e nos multiplicados atendimentos de que tenham participado, já a partir daqui.

Concluiu sua aula com uma exaltação a Deus:

– Deus, Pai de infinita sabedoria, de infinito amor: seus humildes filhos, agora investidos por Sua bondade na função de doutores, rogam que não lhes faltem humildade, competência e sobretudo amor, no trato dos problemas que em breve no plano terreno, em Seu nome, irão solucionar junto a enfermos da alma e do corpo.

Após terminar o segundo ciclo Juventino ainda permaneceu por mais três anos em atividades socorristas, sempre dedicado e fraternal. Angariou valiosos créditos...

Nesse tempo, como de costume, ele e seus amigos eram convidados a visitar outros abrigos, não só para refazimento e reflexões, mas para novos aprendizados.

Muitas vezes visitou ou foi visitado por Enedine.

A união de ambos assentava-se em sólido alicerce: o amor!

A equipe de Juventino passou a proceder, por infinitas vezes, visitas à esfera física para atendimento a enfermos necessitados de cuidados pneumológicos.

A tuberculose passou a ser para eles um quadro mental bem delineado, pois aprenderam minuciosamente, perscrutando pacientes, desde a incubação virótica, instalação, desenvolvimento, conseqüências, cura ou não. Em paralelo, as sofridas transformações na vida dos familiares do enfermo e até os profundos e tristes reflexos no seu meio social adjacente.

Em muitos casos eram autorizados pelos responsáveis do curso "Construções" a consultar o histórico dos pacientes e identificar, com precisão, quando, onde e como teve início o terrível processo que culminaria com a tuberculose. Já sem surpresa comprovaram que, na maioria dos casos, em vidas passadas. Raramente, na presente.

Doutor Demócrito convocou Juventino:

– É chegada a abençoada hora de você voltar...

– Oh! – exclamou Juventino, murmurando: – Louvado seja Deus!

– Sim, sempre seja louvado! Já designei outros atendentes para se responsabilizarem pelos atendimentos a seu cargo. Dentro de uma semana teremos uma reunião deveras importante, referente ao seu futuro. Até lá, permaneça em orações a Deus, a Jesus e aos bondosos benfeitores.

A cidade dos Três Arco-íris contava com um prédio muito bonito, algo afastado da Avenida dos Abrigos, onde jardins floridos e os acordes musicais da suavíssima "Barcarola", da ópera *Contos de Hoffmann*, de Jacques Offenbach, emprestavam tom de paz. Nesse prédio, denominado "Novos Rumos", existiam centenas de pequenas salas de reunião, destinadas ao encontro dos espíritos envolvidos numa nova reencarnação: o reencarnante e seus futuros pais. O objetivo era a consolidação do programa reencarnatório.

À hora aprazada, estavam reunidos Juventino e o casal (encarnados) que o receberia como filho. A reunião, presidida pelo irmão Teodomiro – espírito elevado e especializado em processos reencarnatórios – durou cerca de quatro horas, divididas em quatro partes:

Primeiro, Teodomiro fez as apresentações e solicitou a um auxiliar que iniciasse mostra de passagens de algumas vidas terrenas dos presentes, demonstrando que havia laços amigos e antigos entre eles.

Em seguida, o presidente solicitou a Juventino que se pronunciasse, expondo suas intenções e quais seus planos futuros.

Chegada a vez dos futuros pais, também manifestaram sua aceitação e mesmo alegria em receber aquele filho, desde já amado por eles.

Por fim, Teodomiro prestou os seguintes esclarecimentos:

"– Enviarei às esferas superiores um esboço sobre a reencarnação do nosso Juventino, para análise, eventuais modificações e aprovação final. Essa aprovação será comunicada na nossa próxima reunião, que poderá acontecer em alguns dias ou semanas. Vocês serão convocados. No meu esboço estarão previstas algumas linhas demarcatórias, sempre em termos aproximados, relativos, enfocando os seguintes eventos e nas seguintes condições, em ordem de prioridade: o tempo de vida, isto é, carga de vitalidade energética que lhe será concedida e o sexo, cuja definição contempla de forma necessária as aquisições morais e experiências anteriores, seja como homem ou mulher. Quanto à família, no que diz respeito aos pais e irmãos, supõe-se abençoada oportunidade de reconciliação, suavização de paixões, incentivo à amizade, à fraternidade, ao amor; condição social: faixa financeira, com diferentes valores, ou não; e à formação de família, prevê delineado tempo em que eclodirá na alma a intenção de se unir a outrem e juntos terem filhos ou não (quase na totalidade desses casos, o futuro cônjuge já é sabido).

O equipamento orgânico, de acordo com a razão do projeto, será definido conforme as aptidões físicas e intelectuais: nas físicas, adequação muscular, com grande afluxo vital no cérebro, sistema nervoso e aguçamento de um ou mais sentidos, segundo a profissão delineada e, na parte intelectual, a configuração neuronial também obedecerá a determinado parâmetro, como, por exemplo, memorização dilatada, sensibilidade aguçada e destreza altamente potencializada.

Já as doenças acontecerão dentro de uma relativa previsão temporal e biológica, podendo, devido a méritos, ser atenuada, ou por novos débitos, ter aumentada a carga de desconforto; na condição profissional, a aproximação a determinados tipos de patrões, colegas e subordinados e os débitos expiatórios, que não se subordinarão a nenhuma das condições anteriores, pois inelutavelmente emergirá a necessidade de quitação, com tempo certo para acontecer."

Teodomiro olhou bondosamente para todos e seguiu:

– Esses, em linhas gerais, são os itens de uma programação pré-reencarnatória. É natural que muitos outros detalhes serão considerados, mas a Lei Divina de Ação e Reação é tão sábia e compassiva que prevê a possibilidade de atenuantes serem aplicadas com abençoado "peso" na escala de dificuldades a serem enfrentadas. O livre-arbítrio de cada espírito leva-o, de segundo a segundo, para diferentes rumos. Assim, tudo o que acontece na vida de cada um de nós depende exclusivamente do nosso comportamento.

Em seguida, fez um convite:

– Vamos agora abrir espaço para reflexões e decisão de cada um desses itens, para juntos encontrarmos um denominador comum.

Por horas seguidas todos opinaram e ao final Teodomiro completou:

– Há um outro fator importantíssimo que as Leis Divinas levam em conta no ajuizamento dessas programações: a intenção de cada ato, nas vinte e quatro horas de todos os dias da existência de cada um de nós.

Antes de se despedir, ainda sugeriu, com bondade:

– Até nossa próxima reunião devemos aproveitar o tempo para reflexões sobre a bênção da vida, da família e do amor de Deus.

Enedine foi chamada por Teodomiro e junto com Juventino ouviu dele que o amor de ambos era garantia sólida de união conjugal, quando estivesse, breve, na humanidade encarnada.

Não demorou e a reunião foi convocada, estando todos presentes.

Teodomiro, com ar sereno e feliz, informou-lhes:

– Nossas humildes sugestões lograram aprovação.

De forma comovente o futuro filho recebeu um terno abraço daqueles que seriam seus pais – e nem sequer ainda o tinham gerado!.

Maior alegria foi quando o doutor Jonas, desdobrado, foi admitido na reunião e dirigiu-se a Juventino:

– Meu bom amigo Juventino, quanta saudade! Fui informado da bonita trajetória que você vem desempenhando. Parabéns! Não poderia deixar de vir abraçá-lo, agora que também voltará.

Muito comovido, Juventino perguntou (sempre perguntando...):

– O senhor confirma o que me disse há anos, que nós nos encontraremos "lá"?

– Pois então você ainda tem dúvida disso?

Abraçaram-se com muito afeto.

Saindo dali, Juventino procurou o doutor Demócrito:

– Preciso de um grande favor do senhor...

Demócrito, intuitivamente, ou com sua elevação moral, leu o pensamento de Juventino e antes que ele dissesse qual era o favor, disse:

– Não precisa me pedir nada. Ela estará aqui antes da sua volta.

Com efeito, no dia seguinte Juventino recebeu visita de Enedine que, extremamente sensibilizada, comentou:

– Sei que você está voltando. Graças a Deus!

Juventino abraçou-a, ao mesmo tempo com força e ternura, assim permanecendo demoradamente. Nenhum dos dois dizia palavra.

Só na despedida repetiram pela enésima vez a mesma jura:

– Eu te amo. Vamos nos encontrar. Deus fará isso pelo nosso amor.

Um ano depois que Juventino transferiu-se da cidade dos Três Arco-íris para o plano físico, chegou a vez de Enedine fazer o mesmo, partindo da cidade Espelhos da Vida.

Segunda Parte

Partidas

NESTOR NASCEU NUM ambiente rural, numa noite enluarada.

Filho único, família pobre e de pouca instrução, o pai era empregado humilde, colono na grande empresa agrícola.

Quem o ajudou a chegar à luz do mundo, naquele instante apenas com a luz da lua e da eletricidade, foi uma enfermeira aposentada e contratada pela empresa, que também residia naquela propriedade e atendia aos colonos e seus familiares nas suas necessidades de saúde que não exigissem cuidados médicos. Por ser à noite, e o parto normal, ela foi a parteira.

No lar humilde em que nasceu, naquele momento, pelo rádio ouvia-se a *Sonata ao luar,* de Beethoven.

Desde criança, Nestor se penalizava com animais feridos ou doentes. A enfermeira ensinou-o a tratá-los, mesmo não sendo veterinária. O menino, na medida do possível, ajudava esses animais, ora "inventando remédios de ervas", ora dispensando-lhes carinho. O fato é que, para surpresa de muitos colonos, os animais tratados por Nestor, na maioria se curavam.

– Parece que esse menino – diziam, meio desconfiados – traz algum dom de outras vidas...

Mesmo com pouca idade, antes mesmo de ir para a escola, questionava os pais do porquê de alguns animais serem mansos, outros arredios e outros mais até bravios, agressivos por natureza.

Os pais respondiam que tudo era uma questão do sangue: "sangue bom" ou "sangue ruim".

Também se condoía das pessoas que apresentavam algum distúrbio nervoso, com reflexos musculares involuntários. A causa, os pais não sabiam explicar. Nem a enfermeira. Nem ninguém. Nunca perguntaram ao médico que atendia no ambulatório da empresa, por meio-período, nos dias úteis.

Na idade escolar foi matriculado na rústica escola da fazenda e nos poucos anos de estudos ali obteve as melhores notas da classe, mercê da aplicação às lições. Para espanto da professora, Nestor já estava alfabetizado quando entrou pela primeira vez na sala de aula. É que, muito inteligente e esperto, por conta própria aprendeu a ler e a escrever, embora com alguma dificuldade – graças ao auxílio paterno ou materno.

Cedo, experimentou o gosto amargo da inveja dirigida sobre ele. A cada prova escolar, graças ao seu excelente aproveitamento, chegava até a receber insultos.

Muitas foram as vezes em que uma enorme tristeza se abatia sobre sua vida, pois não conseguia explicar como é que alguém, deliberadamente, podia agir assim.

Observava que alguns coleguinhas eram mais simpáticos que outros; quanto às meninas, de algumas gostava e de outras não conseguia ter nem boa, nem má impressão.

A vivência escolar, que sucede à convivência familiar, é bênção inapreciada por aqueles pais que não empenham seus esforços para que os filhos estudem. E quando estes vão à escola, ficam alheios ao que se passa por lá. Irresponsabilidade ainda é o caso de pais que pouco ligam para que os filhos completem os estudos.

Não era o caso de Nestor: o pai, sempre que podia, comentava com a família os grandes avanços da ciência, no que ele podia depreender das experiências realizadas nos canteiros agrícolas da empresa em que trabalhava.

Quanto mais aprendia, mais perguntava...

Multiplicadas vezes, acompanhava o pai e "conferia", ao vivo, as inovadoras experiências da engenharia genética na agricultura. Anselmo, o pai, ia explicando ao filho o pouco que entendia de todos aqueles experimentos.

Terminado o ciclo da escola rural, ele e seus colegas eram levados por veículo da empresa à cidade, para continuidade dos estudos. Os professores, cada vez que anunciavam as notas da classe, ao citarem a de Nestor, sempre anexavam palavras de louvor e admiração.

E isso gerava renovadas desagradáveis ocorrências: sempre de inveja.

Adolescente, Nestor começou a identificar, em si mesmo, grandes mudanças fisiológicas e mentais. Diferentemente dos outros adolescentes, muito mais se interessava por leituras científicas do que por jogos eletrônicos, revistas em quadrinhos, fossem de aventuras, fossem de horror.

Perto de completar catorze anos disse a seu pai:

– Acho que está na minha hora de começar a trabalhar.

– Para que você quer trabalhar?

– Preciso ganhar dinheiro para comprar "umas coisas"...

– Que coisas, filho?

– Vou falar, mas é capaz do senhor não concordar: sei que o senhor não tem condições para comprar um computador e eu gostaria muito de ter um, para ajudar nos meus estudos. Estou terminando o ginasial e como vou para o colegial precisarei do computador.

– Sei como conseguir o computador, sem você sacrificar os estudos.

Na primeira oportunidade que teve, Anselmo procurou o patrão, o doutor Pietro, engenheiro agrônomo, proprietário e diretor-presidente da empresa e solicitou-lhe um empréstimo, informando que se destinava à aquisição de um computador para o filho.

– Anselmo, por favor, diga ao seu filho para me procurar e nós vamos dar um jeito de ele ganhar o computador.

Exultante, Anselmo contou a Nestor. E este, na mesma hora, foi até a sala da presidência da empresa. Solicitou à secretária que o anunciasse.

Pietro interrompeu o que fazia e atendeu ao jovem. Mesmo sabendo qual era o assunto, brincou com o rapaz:

– Seu pai me disse que você quer trabalhar. Já sei o que quer fazer com o salário: vai comprar roupas modernas, calçados mais "na moda" e quem sabe, está pensando em ir para os Estados Unidos, para ver, ao vivo, alguma banda famosa de *rock*. Acertei?

– Não, doutor Pietro, não estou precisando nem querendo roupas ou calçados. E nem viajar.

– Se não é isso, então o que seria?

– Quero comprar um computador, para me ajudar em algumas dúvidas.

– O quê, hein? Então você está pensando em se tornar um mestre do saber?

– Ainda não sei que carreira abraçar, mas sei que quero estudar mais.

A sinceridade com que Nestor pronunciou essas palavras comoveu Pietro, a quem vários professores já tinham noticiado sobre o notável aluno, sugerindo que a empresa patrocinasse a continuação dos estudos, até o superior, de forma a não se perder tão grande talento.

Muito emocionado, Pietro perguntou:

– Quando mesmo que é o seu aniversário?

– No mês que vem. No dia oito vou completar catorze anos.

O fato é que alguns dias depois Nestor ganhou um computador do doutor Pietro como presente de aniversário.

Na escola já aprendera a lidar com várias "linguagens de informática", isto é, vários programas e assim não teve a menor dificuldade em acessar e se valer de tão régio presente.

O mundo da Internet, embora ainda incipiente, trouxe-lhe, ali na tela do monitor, proveitosas informações do saber humano.

Mas Nestor insistiu em trabalhar tanto que Pietro atendeu-o: foi indicado para trabalhar no setor de informática da empresa, mas pediu, quase implorou, para ser designado para o setor de pesquisas.

– O quê? Pesquisas? O que você iria fazer lá, meu filho?

– Aprender, doutor Pietro, simplesmente aprender...

– Mas, garoto, como é que você poderia aprender alguma coisa lá se você apenas acaba de completar o ginasial [atual ensino fundamental] e ainda nem adentrou no científico [atual ensino médio] Dessa forma, o ensino superior está muito à frente lá no futuro. Compreende?

– Imagino que só de andar por aqueles maravilhosos canteiros e passar a limpo as conclusões dos cientistas, com certeza conseguirei entender melhor as ciências.

Não houve como Pietro dissuadir o jovem e foi até com espanto geral que "por ordem da diretoria" Nestor foi mesmo alocado no privilegiadíssimo departamento de pesquisa – "menina dos olhos" de todas as grandes empresas, a exemplo do que acontece com as empresas de atividades científicas e universidades do mundo todo.

Ao ingressar no ensino médio, as coisas se complicaram ainda mais para Nestor, no tocante a amizades e colegas: com a melhor nota, em quase todas as matérias, passou a ser agredido não apenas com insinuações infames. Num dia chuvoso, ao deixar a escola e se dirigir ao veículo que o conduziria de volta para casa sofreu o dissabor de ter suas vestes todas encharcadas pelas águas da enxurrada. É que, maldosamente, um colega, na garupa da moto do irmão, pediu a este que desse um susto no "einsteinzinho"[28].

A vingança não tinha pouso na alma de Nestor e isso, por incrível que pareça, mais e mais irritava seus detratores. Quando souberam que ganhara um computador, aí o mundo nefasto da inveja desabou de vez sobre sua cabeça. Não apenas um ou outro aluno da classe, mas de outras classes e até de outros períodos escolares vinham a ele:

– E aí, einsteinzinho, o que você fez para ganhar o computador? Será que é o que todo mundo está pensando?

Nestor, já acostumado às ofensas, sentiu dessa vez uma onda de calor invadir-lhe todo o ser. Num primeiro impulso pensou em agredir o infeliz que o insultava, com o qual, aliás, jamais simpatizara. Esse colega, sempre que podia, espicaçava-o. Contudo, falou mais alto em sua alma o sentimento do perdão, anulando o ódio e, em dois segundos, mudou de opinião e decidiu por não se rebaixar. Nada respondeu. Mas isso irritou o ofensor que, destrambelhado, partiu para agredir aquele "insuportável metido a gênio, que se afastava, covardemente".

O soco desferido nas costas de Nestor pegou-o desprevenido. Caiu e na queda abrupta apoiou-se num braço, resultando em fratura no rádio, o osso longo do antebraço. João Carlos, o insolente, sem se dar conta da gravidade do seu violento gesto, ao ver Nestor gemer ainda acrescentou:

– E ainda por cima é um chorão. Sabe qual é a sua nota como gente? É zero, seu metido!

Deixando Nestor ainda caído, afastou-se, crente de que tinha dado uma merecida e já tardia aula para aquele "herói" e também a respectiva nota.

28. Alusão ao grande cientista Albert Einstein (1879–1955), físico alemão consagrado mundialmente pelo brilhantismo dos seus trabalhos, dentre os quais "A teoria especial da relatividade". (N.M.)

Vinham do passado as agressões de João Carlos a Nestor, aparentemente gratuitas: ele era Cirilo, reencarnado. Continuava invejoso.

O ferimento não impediu Nestor de comparecer todos os dias às aulas e ao departamento de pesquisa, no qual se locomovia como arguto observador. A ninguém relatou quem o feriu. Dizia que foi "uma queda".

Freqüentar aquele departamento, por si só, carreava para Nestor o fel dos invejosos. Nenhum deles se aplicava em reunir méritos para gozar da mesma regalia, mas sabiam muito bem desprezar quem o tinha conseguido.

Assim, infância e adolescência não foram fases fáceis para Nestor.

E, na juventude, o quadro não mudara, aliás, agravara-se...

Toda a carga de inveja arremessada contra ele não encontrou guarida em sua alma, fruto de sólido alicerce moral construído na firme disposição em afastar de si a vingança, o desânimo, menos ainda o pessimismo, que jamais encontraram abrigo na sua mente ou fizeram pouso no seu coração.

No trabalho, realizado em meio expediente, encantou-se com o fascinante mundo da química e da biotecnologia. Atento ao que via e memorizando os relatórios que os cientistas por vezes pediam a ele para digitar no computador, em pouco tempo conquistou a amizade dos pesquisadores e dos técnicos auxiliares.

Nem dois anos de convivência tinham se passado naquele ambiente de alta intelectualidade e Nestor já não era apenas um auxiliar eficiente: era um amigo querido de todos.

Havia tempo, quase sempre era visto com Nilmara, colega de classe, desde que iniciara o ensino médio. Isso, na verdade, não poderia ser considerado um namoro, nem "sério", nem "oficial", já que apenas dialogavam bastante, fruto de sintonia em vários assuntos e na forma de ver a vida.

As pessoas que os viam sempre juntos é que "decretaram" que eles eram namorados, mas, na verdade, tanto ele quanto ela, nutriam um pelo outro apenas sólida amizade. Sendo bastante jovens, não assumiam nenhum compromisso recíproco de aproximação sentimental empolgados que viviam em se aperfeiçoarem, tendo pela frente todo um caminho de experiências e aprendizados a serem colhidos.

Nunca se declararam namorados. Sabiam-se bons amigos. Nada mais.

A família de Nestor esteve sempre com dificuldades financeiras.

Seu pai nunca gozou de boa saúde. Antes de ser admitido na empresa de biotecnologia Anselmo trabalhara na construção civil, como pedreiro, e, por várias vezes, teve de faltar ao serviço por estar "enfraquecido".

Trabalhando na área rural, pôde se refazer em parte, mas com o passar do tempo suas forças foram rareando. Vinha se sentindo enfraquecer, perdendo o apetite e peso, até que, numa madrugada fria, estando dormindo, foi acometido por um ataque de tosse...

Giovana, a esposa, acordou assustada e vendo o marido em convulsão pulmonar correu buscar um copo com água. Anselmo, contudo, não conseguia parar de tossir e nem falar. Até que, banhado de um suor gomoso, balbuciou:

– Quero... O meu xarope... Está dentro da botina...

– O quê?! – exclamou a esposa, estupefata; mas procurou e achou o remédio que estava mesmo no local apontado por ele.

Trouxe para o marido que, com mãos trêmulas e suando sem parar, conseguiu ingerir metade do que continha na colher, porque a outra metade escorreu-lhe pelo queixo.

Um pouco mais calmo, confessou:

– Não queria te assustar...

– Como assim?!

– É que há três dias fui ao médico e ele me disse que suspeitava de que minha doença fosse grave... Tuberculose...

Giovana começou a chorar. Amava muito a Anselmo e tal notícia, àquela hora e em meio a uma crise, desestruturou todas as suas defesas emocionais. Entregou-se a um longo choro, no que logo passou a ser acompanhada pelo marido.

Só após longos minutos é que Giovana arrumou as idéias. Perguntou:

– Anselmo, pelo amor de Deus, me diga como é que você não me falou nada?

– Pois é. Eu mesmo não me conformo e me sinto totalmente desorientado.

– Mas o que o médico disse? O que ele receitou? Não mandou você fazer um tratamento?

– Tirei umas radiografias e foi feito exame de catarro. Ontem, ao final do expediente, o médico me procurou e disse que os resultados dos exames confirmaram a suspeita dele... Mandou-me procurá-lo no dia seguinte, isto é, hoje de manhã, lá no ambulatório da empresa, pois quer repassar vários procedimentos. Passou uma receita, mas tenho de esperar o pagamento para poder comprar os remédios. O xarope foi ele que me deu...

– Pela Virgem! Não vamos esperar nem um dia mais. A hora que amanhecer irei à farmácia da cidade e vou pedir, implorar se preciso, para pegar os remédios para você. Depois, a gente dará um jeito de pagar.

Anselmo fez um pequeno movimento para dar um leve beijo de gratidão. Mas, no mesmo instante recuou, ao se lembrar de algumas recomendações iniciais do médico: "não se aproximar muito dos familiares"; "relações sexuais, nessa fase, será melhor delas se abster".

Giovana percebeu o recuo do marido e só agora entendeu por que ele vinha se mostrando arredio aos seus carinhos e até mesmo ao seu contato, desde o começo da semana.

O casal, por fim, foi deitar, ambos angustiados. Não adormeceram.

O que nenhum dos dois percebeu é que Nestor tinha acordado logo no início do ataque de tosse do pai e prestou atenção ao que se passava. Assim, ouviu tudo o que foi dito por eles.

Também ele em grande angústia ficou acordado por quase duas horas, até que finalmente adormeceu. Esse acontecimento traçaria seu futuro.

No dia seguinte, o médico narrou ao doutor Pietro o estado de saúde de Anselmo. Na mesma hora Pietro determinou que todos os medicamentos e procedimentos necessários ficariam por conta da empresa.

De início, por sugestão de Pietro e concordância do médico, Anselmo foi instalado no ambulatório, dali mesmo, equipado de uma pequena enfermaria. Em seu tratamento, por recomendação médica, deveria ser mantido em isolamento. A família poderia visitá-lo, desde que observando medidas cautelares.

A tristeza instalou-se, forte, na casa de Giovana e Nestor. A ausência de Anselmo, embora todos soubesses que estava sob cuidados médicos, transformou a vida deles num grande sofrimento psicológico. Alguns amigos e vizinhos, conhecendo o fato de Anselmo estar tuberculoso, evitaram aproximação com a família dele, de todas as formas, sem nenhum cuidado em disfarçar.

Fazia um mês que Anselmo estava internado, já em recuperação, quando, numa madrugada, quase ao amanhecer, um forte temporal se abateu sobre aquela região com chuva de granizos e ventania.

Na casa de Nestor, ele e a mãe acordaram assustados e ouvindo miados desesperados do gato Canelinha, xodó da casa, querendo entrar (o nome do gato se devia ao fato de o dócil felino ter as pernas bem compridas). Nestor estava apenas com as calças do pijama, mas pulou da cama e foi correndo abrir a porta dos fundos para o Canelinha, recebendo forte rajada de vento e uma saraivada de minúsculos cristais de gelo que o atingiram bem de frente. Mesmo sendo saudável, sentiu um calafrio no mesmo instante. Quando Canelinha entrou, pegou-o e enxugou-o cuidadosamente, pois o bichano tiritava de frio.

Só depois de atender ao gato é que pensou em si mesmo.

Agasalhou-se e voltou para a cama. O gato aninhou-se aos seus pés.

O jovem não conseguiu mais dormir...

Quando o dia clareou ainda chovia.

Nestor começou a sentir tremores. Mesmo estando agasalhado, um grande frio o envolveu. Sem saber ao certo o que fazer, tentou se levantar e ir até sua mãe. Mas uma inesperada e jamais acontecida fraqueza impediu-o de sair da cama. Quase levou um tombo. Fazendo esforço, pois a garganta e o peito doíam muito, chamou:

– Mãe! Mãe!

O gato deu um miado sofrido, como que pedindo socorro.

Giovana acordou com o chamado do filho e correu para atendê-lo. Vendo-o trêmulo e lembrando-se do atendimento que ele fizera ao gato teve uma dolorida impressão, mais que impressão, quase certeza: o filho também... Desesperou-se ao colocar a mão na fronte do filho e sentir que "queimava":

– Oh! Meu Deus! Pela Virgem! Por Jesus! Com meu filho, não! Com meu filho, não! Não permita, meu Pai! Não permita! Eu imploro!

Tamanha e tanta fé aproximaram daquele humilde lar espíritos protetores, os mesmos que algumas horas antes tinham instruído vários outros espíritos auxiliares na condução da tempestade que se abateu por aquelas bandas[29]. Vendo a compaixão

29. Em *O Livro dos Espíritos*", item "Ação dos Espíritos sobre os fenômenos da natureza", à questão nº 536, é esclarecido que há Espíritos "que são os agentes da vontade de Deus", exercendo influência sobre os elementos, "para os agitar, acalmar ou dirigir", visando o restabelecimento do equilíbrio e a harmonia das forças físicas da natureza. (N.E.)

daquela mãe, num relance radiografaram a situação e com seu conhecimento profundo da Lei de Ação e Reação e intuição, captaram merecimento em Nestor, cujos sintomas demonstravam pouca gravidade: pneumonia, em processo de instalação. Dispondo de recursos sublimes, transferiram fluidos curadores ao jovem, que na mesma hora cessou de tremer e acusou sede, muita sede.

Quando Giovana trouxe o copo de água, os guardiões da natureza nele insuflaram energias restauradoras – de si mesmos e da natureza. Após beber, Nestor sentiu sono e só acordou depois do meio-dia, já não mais apresentando nenhum sintoma dos que o acometeram ao amanhecer.

Não estivessem por ali aqueles emissários de Deus e outros, mesmo distantes, teriam atendido da mesma forma à prece da mãe compadecida, de filho merecedor.

Só aqueles protetores sabiam que o Canelinha, na verdade, era aquele gatinho que Juventino tanto amara e que a reunião de ambos, na atual existência, se dava em cumprimento ao deferimento de Jesus à prece do então estagiário no Abrigo Simão Pedro...

Ensinos de espíritos elevados, que às vezes chegam ao nosso nível evolutivo, promulgam que quando Deus atende a um pedido, isso se enquadra primeiro no merecimento e depois nas vertentes do amor em estado puro. A concretização, contudo, obedece às normas do tempo.

Poucos dias depois, Juliette e sua família chegavam ao Brasil.

– Mas... Quem era Juliette?

Juliette

Quando Nestor tinha um ano, a milhares de quilômetros da sua casa nasceu Juliette. Francesa.

Separados ele e ela pelo Atlântico, nem por isso seus destinos deixariam de se cruzar.

Filha única, cresceu saudável e desde cedo demonstrou grande vivacidade. Seu pai era próspero comerciante de alimentos.

O traço característico, que a distinguia das demais crianças da sua idade, era a permanente vontade de ajudar, fosse quem fosse, desde que em estado de qualquer necessidade. Com esse instinto protetor e conduta caridosa despertou a atenção do pároco da igreja que seus pais freqüentavam. Foi esse padre que a encaminhou aos estudos num colégio supervisionado e administrado por Irmãs da Ordem das Carmelitas Descalças[30].

Não tardou e Juliette já apregoava, em casa e junto às amiguinhas, que gostaria de ser freira. Quando lhe perguntavam por que, ela, com sincera e comovente ingenuidade dizia que era para Deus tomá-la como empregada e assim, proporcionando-lhe bastante dinheiro, poderia comprar cada vez mais agasalhos, mantimentos e remédios para os pobres.

Essa opinião tivera início e sólido alicerce nas atividades assistenciais das Carmelitas, às quais Juliette fazia questão de participar, em detrimento de folgas ou de lazer.

Cresceu Juliette e, quando tinha dezesseis anos, sua vida iria virar de cabeça para baixo, sem contar que a devoção religiosa infantil fora substituída por arrebatamento juvenil nos estudos.

Com efeito, seus pais não recusaram uma oferta tentadora de ampliar os já prósperos empreendimentos do ramo alimentício.

O convite foi feito por uma grande empresa, multinacional, do ramo agroindustrial de produtos transgênicos[31], instalada no Brasil: a de Pietro...

30. "Carmelitas Descalças": religiosas enclausuradas de ordem instituída no século 15 e reformada por Teresa d'Ávila em 1562 e que seguiram esta reforma. Demonstrando observância, andam com os pés nus em sandálias. (N.E.)

31. Produtos transgênicos são aqueles que têm sua composição original genética modificada por biotecnologia. No mundo todo há controle rigoroso da industrialização e comercialização quando se trata de alimentos, não estando ainda integralmente comprovadas quais as conseqüências dessa modificação após a ingestão humana de tais produtos. (N.E.)

O pai de Juliette, o *monsieur* Antoine-Clerc, era um forte industrial francês do ramo de alimentos e desejando ampliar as bases comerciais entre a sua indústria e a empresa de Pietro, que eram correlatas, teve de vir por alguns meses para o Brasil, a fim de consolidar conhecimentos e detalhes das atividades.

A perspectiva de ainda mais enriquecimento tornou irrecusável a oferta.

Mas, para segurança do empreendimento, antes de qualquer decisão, Antoine-Clerc considerou, com justificada prudência, que deveria visitar e conhecer com detalhes os negócios da grande empresa.

Seu pedido de um estágio de alguns meses foi atendido, de pronto.

Madame Angèlique, muito apegada ao sentimento de família, não querendo deixar o marido ir sozinho para o outro continente, pediu que ele a levasse. Teimou, teimou e conseguiu que ele levasse também a filha.

Ante a tristeza de Juliette em ter de deixar, a contragosto, o colégio tão querido, os pais prometeram que "seria uma questão de apenas alguns meses". Sugeriram a ela que considerasse promissora a viagem, ante a perspectiva de um esticado período de turismo além-mar, em terras de gente hospitaleira e praias de águas quentes.

Não foi pitoresca a viagem para a jovem. Embora confortável o avião, na alma juvenil uma tempestade de inexplicáveis sentimentos a atordoava: ora eram de grande aventura, ora de céus escuros para os vôos do coração.

Juliette deixou para trás o namorado, Louis-Marc, estudante de arquitetura. Esse namoro havia sido autorizado pelos pais dela e ambas as famílias confraternizavam-se, julgando que o casamento dos dois era apenas uma questão de tempo. Seria realizado quando Juliette alcançasse a maioridade.

Louis-Marc sentiu bastante a separação. Doeu-lhe a idéia de estarem longe um do outro por cerca de um ano, prazo anunciado por Juliette.

Dias antes da viagem, dois sentimentos alojaram-se tanto no coração de Juliette quanto no de Louis-Marc. Ele expressou o primeiro sentimento:

– Cultivarei o sentimento de esperança de voltarmos a nos encontrar muito antes de um ano. Alguma coisa boa há de acontecer e quem sabe você volta logo ou eu possa ir até onde você estiver?

Ela, o segundo:

– Não pense que vou com gosto. Pressinto nuvens encobrindo a claridade em nossas almas, talvez rompendo os laços que nos unem.

Objetiva e sincera justificou sua preocupação:

– Quem pode nos garantir que tanto você quanto eu, nesse afastamento, não venhamos a conhecer um novo amor ou que sejamos envolvidos por uma inesperada paixão?

Esse pensamento, negativo, mas plausível, acabou por tomar forma no espírito de ambos.

Reencontros

CHEGANDO AO BRASIL e sendo generosamente recepcionada por Pietro, a família francesa ficou alojada na casa de hóspedes da empresa. Com grande conforto e todas as necessidades atendidas, sem despesas. Um carro com motorista foi posto à disposição.

Ciceroneados por Pietro, que dominava bem o idioma francês, o casal francês e a filha foram levados a visitar as instalações da empresa.

Entusiasmaram-se, cada vez mais, com o que viam.

Pietro estava empolgado nas pesquisas do ramo de grãos alimentícios com melhoramento genético por seleção natural, isto é, sem transgenia (soja, milho, amendoim, feijão). Isso porque desde logo percebeu que os alimentos transgênicos ainda não ofereciam segurança quanto a eventuais riscos humanos no consumo deles. Não obstante, sua empresa, paralelamente, mantinha pesquisas transgênicas de como alcançar imunidade de pragas nas plantações de cana, eucalipto e algodão, visando abastecer grandes centros consumidores dos seus subprodutos.

Ao adentrarem no laboratório do departamento de pesquisas, confirmaram a excelente impressão que vinham tendo da empresa, como um todo. Vários tecnobiólogos prestaram esclarecimentos sobre seus trabalhos – os já concluídos...

O grupo aproximou-se da bancada de Nestor.

Quando os dois jovens se olharam, um clarão iluminou suas almas, algo assim quando duas estrelas se aproximam, uma da outra, e seu fulgor, suas luzes, entrelaçando-se, quase que iluminam "toda a galáxia".

Palavras, de Nestor ou de Juliette, para quê?

Desnecessárias, porque ali a voz era a do coração.

E quando o coração fala nem a mente se atreve a raciocinar.

É tão sublime a eclosão do amor de dois espíritos que se reencontram e que trazem bagagem de vida a dois que, naturalmente, até mesmo a roda do tempo interrompe seu giro, por milissegundos que seja.

O próprio ar, naquele momento mágico, agita-se, em sublime turbulência.

Este é o instante sagrado do amor que coloca toda a natureza em festa!

O que menos Juliette poderia esperar que acontecesse, assim tão depressa, como se referia ao Brasil, acabou por acontecer.

Embora jovem, tinha disciplina mental e caráter voltado para a correção. Foi assim que seu encontro com Nestor veio a acusar-lhe estranhas, incoercíveis e desencontradas emoções.

Estiveram perto um do outro não mais que três minutos; contudo, nos dois restou uma inamovível certeza: a partir daquele breve encontro, nunca mais suas vidas seriam as mesmas.

Nestor, firme e decidido por formação, portou-se com esmero, discrição e simplicidade.

Pietro, que tanto o admirava e protegia, encarregou-se de biografá-lo, pronunciando-se num francês impecável:

– *Ce jeune est mon filleul et tous nous ici avons grand fierté de lui. Il travaille dans ce départment ça fait deux ans et déjà il est presque un technicien.* [Este jovem é meu afilhado e todos nós aqui temos grande orgulho dele. Trabalha neste departamento há dois anos e já é quase um técnico.]

Antoine-Clerc, Angèlique e Juliette olharam para Nestor com surpresa, misto de admiração, diante de tal elogio do dono da empresa.

O coração de Juliette, sem nenhum aviso, acelerou os batimentos e foi assim que seu rosto enrubesceu.

Só madame Angèlique percebeu essa brusca reação da filha.

Sem a menor dificuldade atinou com a causa: Nestor.

Numa reação inconsciente olhou para o jovem, mas agora não mais com admiração, e sim, como se estivesse submetendo-o a uma "tomografia social". Pensava: "O que esse jovem poderá oferecer à minha filha? Qual será sua posição social? A família dele tem posses? Quais posses? Terá ele condições de ofertar conforto e segurança a Juliette?"

Guardou na mente, bem guardadas, essas perguntas, prometendo a si mesma que buscaria as respectivas respostas. E para breve. Se não fossem boas as perspectivas, trataria de eliminar o "mal pela raiz". Uma primeira idéia aflorou-lhe rápido: "despachar Juliette, de volta para a França". E mal acabavam de chegar...

Naquela noite, quando Nestor foi dormir, ele imaginou que a cabeça estava "para pegar fogo", delicioso fogo, aliás, pois a imagem daquela linda francesinha teimava em permanecer na sua mente.

Não deu outra: teve vários sonhos com ela. Todos confusos, recorrentes, mas que ao acordar lhe deram uma certeza: estava experimentando um sentimento desconhecido... Seria o amor?

Uma dúvida o assaltou: "E ela, o que sentia por ele?"

Refletindo, novo assalto mental, proveniente de uma irredutível certeza: precisava aprender a falar francês. E com urgência.

Ao chegar à empresa, na parte da tarde, procurou o doutor Pietro:

– Doutor Pietro, vi e ouvi outro dia que o senhor fala fluentemente o francês.

– É.

– Eu pensei...

– Sim.

– Será que o senhor poderia me ensinar?

– Hum...

– Isso quer dizer...

– Hum...

– O senhor me ensina?

– E para que você quer aprender a falar francês?

– É que eu gostei de ver o senhor falar com aquela família e imaginei que um dia eu gostaria de também poder fazer o mesmo.

– Então, um dia, você quer falar em francês com aquela família?

– Sim.

– Com a família toda ou só com a garota de lindos olhos azuis?

Nesse ponto as emoções de Nestor o traíram. Enrubesceu e de alguma forma sentiu necessidade de se proteger, ou melhor, de proteger um grande segredo.

O doutor Pietro, perspicaz, notou a transmutação de Nestor.

Intuiu, sem receio de se enganar, que a tal história de falar francês de Nestor fazia parte de planos e esses planos incluíam Juliette.

Com bondade colocou a mão no ombro do rapaz e asseverou-lhe:

– Sim. Vou ensinar você a falar em francês.

– Obrigado, obrigado!

– Vamos começar hoje mesmo. De agora em diante eu vou me dirigir a você em francês e se você não entender, eu traduzo. Tudo bem?

Com os olhos brilhando de felicidade, Nestor respondeu:

– Sim, senhor. Tudo bem. O senhor verá que um dia, talvez, eu possa retribuir tantos presentes que me dá. – E, comovendo Pietro, arrematou: – Preces eu já venho fazendo desde que entrei para trabalhar aqui. Nelas, peço a Deus para abençoar o senhor e sua família e para me dar condições para que um dia, no futuro, eu próprio reúna condições para retribuir sua bondade.

E assim, por uma semana, em alguns instantes vagos, sempre que Pietro se aproximava de Nestor, ia disparando, aqui e ali:

– *Bonjour* [bom dia]; *bonsoir* [boa tarde, boa noite]; *au revoir* [até logo]; *comment allez-vous?* [como vai?] ou *comment ça va?* [maneira informal de perguntar "como está?"]; *je m'appèlle* Nestor [meu nome é Nestor]; *à bientôt* [até breve]; *s'il vous plaît?* [por favor?] e muitos outros ditos.

Depois, algumas frases:

– *J'ai été heureux de faire votre connaissance* [foi um prazer conhecê-la]; *pouvez-vous m'aider?* [pode me ajudar?]; *aujourd'hui est lundi, ainsi, hier dimanche et demain mardi* [hoje é segunda-feira, assim, ontem domingo e amanhã terça-feira].

E daí por diante.

Para maior aprendizado, Pietro deu de presente a Nestor um dicionário Francês-Português/Português-Francês e mais um pequeno manual de frases do dia-a-dia, em francês, com tradução e pronúncia para o português.

Pietro, algo brincalhão, fez Nestor corar, ao ensiná-lo:

– Quando chegar a hora, seu coração vai falar algo assim para ela: *j'aime vous, vraiment.*

Não precisou traduzir, pois Nestor já tinha pesquisado e aprendido sozinho essa frase.

Ao pronunciá-la, Pietro vislumbrou mais uma vez nos olhos de Nestor o brilho inconfundível que têm os perdidamente apaixonados.

Por uma semana, Nestor não mais viu Juliette.

O pai dela tinha um cliente que morava numa cidade litorânea próxima à empresa de Pietro e esse cliente, sabedor da visita ao Brasil, convidou-os para passarem alguns dias lá, pois ele e a família moravam num apartamento bem em frente à praia.

O casal não foi, mas Juliette sim. Passou a semana lá, onde fez amizade com as duas filhas da família.

Não sabendo falar o português, enfrentou grande dificuldade para se fazer entender. Também suas novas amigas não conseguiram conversar com ela de modo que se entendessem.

Mas esse problema foi aos poucos sendo superado e, depois dessa semana, Juliette já conseguia se expressar em português com algumas dezenas de vocábulos. Suas amigas, da mesma forma, em francês.

Quando voltou, Juliette procurou Pietro e surpreendeu-o, agradavelmente, ao solicitar-lhe com precisão o que Nestor havia pedido, uma semana antes, apenas "com o sinal trocado", isto é, ela queria aprender a falar o português e considerava Pietro o professor ideal.

– Nada demais – justificou ela, explicando que era apenas para poder melhor entender "as pessoas".

Pietro era um homem bom. Sempre calmo e pronto a ajudar aos outros.

Sua alma transbordou de uma alegria sublime ao vislumbrar nos olhos de Juliette o sempre inconfundível brilho dos apaixonados. Sem poder explicar, intuiu que ela e Nestor estavam apaixonados e que a ele, Pietro, cabia a feliz tarefa de ajudá-los, como pudesse.

Na verdade, os sempre abençoados protetores espirituais responsáveis pelos peregrinos em caminhada física ou espiritual – que afinal somos todos nós – acabavam de completar o último elo da corrente evolutiva que voltava a reunir Enedine e Juventino, sob o manto amigo de Jonas.

Passada mais uma semana, em que Nestor, de um lado, aprendia francês, e Juliette de outro, aprendia português, Pietro teve a feliz oportunidade de iniciar a materialização do impulso em aproximar os dois jovens. Convidou Nestor:

– Hoje à noite vamos assistir à ópera *La Bohème*, de Puccini.

– "Vamos"?

– Sim. Eu, Nícia, minha esposa, você, *monsieur* Antoine-Clerc, madame Angèlique e Juliette.

Pietro julgou de bom alvitre prestar algumas informações a Nestor:

– Sobre essa ópera, *La Bohème*, convém você conhecer alguns detalhes. Giacomo Puccini, o autor, foi um grande compositor lírico italiano, que nasceu em 1858 e morreu em 1924. Toda a sua vida se passou no terreno melífluo das emoções. Ele era romântico de nascença. E como todo romântico, também era emotivo. Suas obras são todas cheias de fortes emoções, de alegrias e tristezas, de amor e ódio, de perdão e vingança – de vida e morte, enfim. O lirismo que emoldura as histórias de suas óperas deixa claro que a evidência é sempre de grandes amores, quase todos desesperados, por conta da maldade humana.

Nestor ouvia, atento. Já começou a gostar de Puccini, sem nunca ter ouvido algo sobre ele ou das suas composições.

Pietro prosseguiu:

– Causa espanto é imaginarmos como é que trechos líricos de tanta sensibilidade tenham sido apropriados a intensos dramas. Com a ópera que iremos ver e ouvir esta noite, Puccini tornou-se conhecido do público italiano e não tardou, de toda a Europa. *La Bohème*, em quatro atos, conta uma história passada em Paris, num bairro da periferia, no qual dois rapazes pobres, Rodolfo, um poeta e Marcelo, um pintor, não têm dinheiro nem para pagar o aluguel. Nessa ópera, os personagens são de intensa humanidade e a partitura de Puccini tornou-a uma obra de arte imortal.

– Puxa! Em Paris? Por isso que o senhor convidou a família francesa?

– Não apenas por isso... Mas continuemos com a história: na véspera do Natal, numa verdadeira pocilga, enquanto Rodolfo escreve um drama, Marcelo, que aparentemente não vende muitos dos seus quadros, pinta uma *Passagem no Mar Vermelho*. Os dois sentem muito frio e estão com fome. Na lareira, o fogo está se apagando, por falta de combustível. Marcelo, estoicamente, oferece sacrificar sua tela contra o frio, mas Rodolfo rejeita, dizendo que faria muita fumaça; ato contínuo, sacrifica o drama que escrevia, e assim atenua o frio, por alguns minutos.

Pietro faz uma pausa e logo continua:

– Os rapazes recebem a visita de um casal amigo e juntos bebem vinho e brincam. O casal e Marcelo saem para a noite boêmia. Rodolfo permanece, para terminar um texto jornalístico. Sozinho, na noite fria, ouve batidas à sua porta e ao abri-la depara com uma jovem muito bonita, mas pálida e de aspecto doentio, trazendo uma vela apagada na mão e uma chave na outra. Vem pedir fogo para acender sua vela. Convidada a entrar logo tomba, desmaiada, deixando cair a vela e a chave. Rodolfo a reanima e oferece vinho. A vela da jovem é acesa e ela se retira, mas logo retorna, pois perdeu a chave do quarto vizinho, onde mora. O vento apaga as duas velas, a dela e a de Rodolfo, e ambos entram, aflitos, procurando a chave apenas com a claridade da lareira e da lua. Suas mãos se encontram e é então que Rodolfo canta a belíssima ária *Che gelida manina* [Que mãozinha gelada]. Mimì responde com *Mi chiamano Mimì* [Me chamam Mimi] e gosto de poesia. O ato termina com outra maravilha da ópera: o dueto de amor de Rodolfo e Mimì, *O soave fanciulla* [Oh!, suave menina]. Conheceram-se há menos de meia hora e já se amam, perdidamente. Assim é Puccini. Termina o primeiro ato.

Pietro concluiu, emocionado:

– Os outros três atos você verá e ouvirá.

À noite, com o teatro lotado e graças a Pietro, Nestor pôde realizar o seu maior desejo na vida. Desejo que nascera desde que conhecera Juliette: estar outra vez perto dela. Sentaram-se lado a lado.

Ninguém nem sequer desconfiou, mas aquilo tinha sido arranjo de Pietro.

Quando se cumprimentaram, ela disse num português arrevesado:

– *Bom noite, comme va você?*

Nestor respondeu, em francês correto:

– *Je suis très bien. Et vous*?

Os dois começaram a rir.

Ninguém, por perto, entendeu o motivo daqueles risos, espontâneos e próprios da juventude.

– *Vous parlez français*?! – perguntou Juliette, admirada.

– *Un peu* [um pouco] – respondeu Nestor, acrescentando pausadamente, para ela entender: – *Dans la semaine j'ai commencé a apprendre français pour pouvoir parler avec vous...* [faz uma semana que comecei a aprender francês para poder conversar com você...].

– *Mon Dieu! Moi, aussi, mais portugais!* [Meus Deus! Eu também, mas português!].

Sorriram ainda mais.

Tocada a campainha pela terceira vez, anunciando o início do espetáculo, Pietro, sempre protetor, dirigiu-se baixinho ao casal de jovens:

– *Attention! L' opéra va commencer.* [Atenção! A ópera vai começar][32].

32. A partir daqui não mais serão grafados diálogos em francês, até porque, mesmo com alguma dificuldade, todos os personagens sempre conseguiram se entender. (N.M.)

Ópera iniciada, assistentes concentrados no espetáculo, dois deles estavam com os corpos ali, mas suas almas, por segundos, sentiram-se como que navegando em mar alto, sem ninguém por perto.

Ante o clima de romance que se instalou em suas mentes, decorridos poucos minutos do primeiro ato, quando o tenor entoou *Che gelida manina*, instintivamente Nestor e Juliette pegaram a mão, um a do outro. Se a melodia dizia da *mãozinha gelada*, a mão de Juliette "estava pegando fogo" e a dele também, trêmulas, ambas.

Nenhum dos dois jovens jamais tinha assistido a uma ópera.

Não obstante, aquela estréia ficaria marcada em suas almas para sempre. Como todos os presentes, Nestor e Juliette assistiram à ópera em silêncio.

La Bohème (como quase todas as óperas de Puccini) é entremeada de árias tão empolgantes, belas e românticas, que por diversas vezes os dois jovens se deram as mãos, embora por segundos, fortuitamente.

Foram breves os toques de mãos, o da cena e aqueles na platéia.

Mas tanto quanto o pobre escritor parisiense se apaixonou pela moça vizinha, linda, doente, o "pobre brasileiro" se envolveu de amor pela jovem turista, francesa, linda, saudável...

Mais uma vez, ficção e realidade se confundiam.

Todos os amantes da ópera, na verdade, empolgam-se pela grande musicalidade de Puccini, que de fato fala à alma. Em particular, os dois jovens, num transporte sentimental, não conseguiram evitar que seus espíritos os situassem devaneando como sendo o par romântico da história.

Outras belas passagens apresenta *La Bohème*.

Já no encerramento do primeiro ato, com o dueto de amor *O soave fanciulla*, dois espíritos colocavam o selo do amor em suas vidas: os dois assistentes novatos.

Ao término da ópera, nos corações de Nestor e Juliette, crepitava a chama das sublimes emoções: o amor! Amor, pleno de olhares cúmplices entre dois corações a trocar juras em altos brados, mas que só são ouvidas por eles.

O público foi se retirando aos poucos, educada e disciplinadamente.

Mulheres, muitas, traziam os rostos molhados de lágrimas, pois ao final Mimì morre, condenada que estava pela doença (tuberculose).

Os olhos de Nestor e Juliette brilhavam tanto que esse fulgor não passou despercebido aos pais da jovem, nem ao casal Pietro e Nícia.

As óperas, quase todas elas, para o gosto popular, não são inteiramente agradáveis de se ouvir. Trechos há em algumas óperas nos quais o público como que desliga a tomada da emoção e por vezes até se enfastia.

Em *La Bohème* não consta que isso tenha ocorrido, jamais.

Pietro convidou à família francesa e Nestor para irem a uma pizzaria.

Convite aceito, de pronto.

Também na pizzaria Pietro achou um modo de deixar os jovens um perto do outro.

O coração de Nestor parecia um minivulcão de emoções ardentes, derramando lavas íntimas de sensibilidade em todo o seu ser.

Nunca ele sentira tão fulgurante emoção. E tal estado de alma vinha acompanhado de um ímpeto incontido de ficar perto de Juliette, de olhá-la sem parar, de conversar com ela, enfim, de dividir sua vida com a dela.

Sensações recíprocas visitavam o coração da francesinha. Não conseguia entender como é que aquele rapaz que conhecera há tão pouco tempo alterara sua mente, seus pensamentos, tudo, nela.

Naquela noite, tanto Nestor, quanto Juliette, sonharam um com o outro.

E o mais interessante é que o sonho deles foi o mesmo: Juliette era Mimì, a desventurada jovem tuberculosa que Rodolfo (ele, Nestor) amava, mas que, por amor, paradoxalmente, aparentara desamor, para que um homem rico a salvasse, já que ele não dispunha de recursos.

Lembrando-se da história da ópera, Juliette entendeu que Nestor a abandonara, para que outro homem, rico, cuidasse da doença dela.

Nenhum dos dois viria a saber, na vigília, que de fato se encontraram no desdobramento do sono, pois suas almas fervilhavam de vontade de ficarem juntas. Assim, tão forte foi esse sentimento que os dois espíritos acabaram mesmo por se encontrar, no astral, enquanto seus corpos dormiam.

O sonho de ambos seguir o roteiro da ópera constitui, nada mais, nada menos, do que simples reflexo dos acontecimentos do dia, ou melhor, da noite operística. É manobra do subconsciente para desafogar o consciente.

Quando acordou, Nestor trazia no espírito um ainda nebuloso plano para o seu futuro. Mas o que ele mal desconfiava é que tal plano era o eixo fundamental daquela sua existência terrena...

Trabalhando no privilegiado ambiente laboratorial da empresa, em meio a tantos produtos químicos, tantos experimentos, deu-se conta que seu destino não estava necessariamente ali. Procurou Pietro:

– Senhor Pietro, eu preciso contar uma coisa para o senhor...

Pietro já pressentira que o jovem se envolvera romanticamente com Juliette, e ela também com ele. Imaginou o que Nestor iria lhe dizer. Mas enganou-se:

– O senhor ficaria triste comigo se eu deixar de trabalhar no laboratório?

Pietro, que se preparara para não assustar, assustou-se, em parte. Sem atinar bem com o que acontecia com aquele promissor biotecnólogo, até então focado nas atividades da biogenética, não conseguiu articular resposta. Seu silêncio bem demonstrava placidez. Nestor encorajou-se:

– É que... Eu tive um sonho...

– Ah! Que susto você me deu...

– Sonhei com a Juliette...

– Agora você me dá bons motivos para ficar mesmo apreensivo: sonhou com ela e quer deixar uma bela carreira profissional?

– Não é isso. Sonhei que ela era a *Mimì* e eu era o Rodolfo.

– Ora, ora, sonhos... Quase todos expressam as experiências que vivenciamos quando estamos acordados. Esse seu sonho, como está vendo, é prova do que estou dizendo.

– Pode ser, senhor Pietro, mas o senhor não sabe o que aconteceu...

– No sonho?

– Não, depois que eu acordei.

– Nem imagino. Por que não me conta?

– Acordei meio atrapalhado, chorando. Eu era o Rodolfo e tive de proceder de forma que ela, a *Mimì*, ficasse com outro homem.

– Meu Nestor, meu filho: esse é o drama que a ópera conta. Você se projetou na pele do Rodolfo, porque no enredo ele procede assim.

– Foi por isso que fiquei perturbado, isto é, desde que acordei até agora, lembro bem "meu procedimento" no sonho, diferente da ópera...

– Bem, aí a coisa já muda de figura. O que você fez, no sonho?

– Fiz a única coisa que poderia permitir que *Mimì* ficasse comigo: vendi meu emprego aqui na sua empresa e com o dinheiro comprei remédios, alimentos e agasalhos para ela.

– Por Deus! Então isso é motivo para você não querer mais trabalhar aqui? Ora, Nestor, pense bem. Não faz sentido.

– O senhor tem razão. Estou meio confuso. Tem uma coisa martelando na minha cabeça, dando um nó nos meus pensamentos...

– Martelando na sua cabeça?! Ora, meu filho, já é hora de nós abrirmos um pouquinho as cortinas do seu íntimo.

– Como assim?

– Vou explicar. Quando eu tinha mais ou menos a sua idade conheci uma garota linda. Nós nos encontramos algumas vezes e não demorou estávamos perdidamente apaixonados um pelo outro.

– O senhor está falando da dona Nícia?

– Não, não estou falando da minha esposa. Estou contando para você que quando eu conheci a tal garota e me apaixonei por ela, nosso caso não deu certo... Os pais dela não me aceitaram, ou melhor, não aceitaram minha pobreza.

– E o que aconteceu?

– A família dela se mudou e nem sequer deixou vestígios de para onde foram.

– Mas essa garota nem se despediu do senhor?

– Como? Os pais dela esconderam a notícia da mudança e praticamente só no dia é que ela ficou sabendo.

– E ela não teve jeito de vir falar para o senhor para onde estava indo?

– Sim, ela veio. Deixou endereço, mas era falso e não posso julgar, mas imagino que os pais mentiram para ela. Todas as cartas que mandei voltaram. Depois, bem, depois conheci Nícia e voltei a me apaixonar. Graças a Deus nosso casamento é muito feliz!

– Por que o senhor está me contando isso?

– É para dizer a você que Deus criou todos os homens com duas emoções que às vezes se somam, às vezes se separam.

– Como assim? O senhor se refere a almas gêmeas?

– Não, Nestor, não me refiro a essa noção errônea, pois as almas são indivisíveis, individuais. Estou me referindo ao sentimento e à razão, as duas metades da alma que se expressam no corpo humano pelo coração e pelo cérebro. O coração, que abriga e libera os sentimentos, é ferramenta das mais abençoadas do corpo humano, ao expressar de maneira inconfundível aquilo que o espírito está sentindo. Já o cérebro, engenho perfeito, sublime, a serviço da inteligência, busca sempre agir da melhor maneira possível para concretizar aquilo que o espírito cria e a mente registra: os pensamentos!

– Não estou entendendo aonde o senhor quer chegar.

– Já, já. Antes, me responda com sinceridade: o que você sente pela Juliette?

Nestor não esperava que a pergunta, qual "míssil sentimental", o atingisse assim tão em cheio. Ficou "vermelho" e gaguejou. Tossiu fraco, por três vezes, e não sentia a menor vontade de tossir.

Pietro olhava-o sereno, firme, amistoso.

Nestor, tentando ordenar as emoções, articulou saída pela tangente:

– Eu gosto dela!

– Nestor, Nestor, vamos ser sinceros conosco mesmos e procurar a maneira mais transparente para nos expressar. O verbo gostar é um verbo e o verbo amar é outro, bem diferente.

– O que o senhor quer saber?

Repito a pergunta: o que você sente por Juliette?

– Eu acho que a amo.

– Lá vem você de novo com esses pequenos escorregões. O amor é um sentimento tão maravilhoso que não disfarça sua ação. Por isso, pergunto pela terceira vez: o que Juliette representa na sua vida?

– Tudo! Eu a amo!

– Bravo! É assim que se fala. Agora, meu rapaz, administrar esse sentimento é outra etapa completamente diferente.

– Será que eu estou sendo precipitado? Conheci a Juliette há pouco tempo...

– É justamente sobre isso que eu quero lhe falar. Que você ama a Juliette e ela a você nem precisava me dizer, pois seus olhos estão gritando isso. Porém, o que a vida nos oferta quando amamos não é um pacote pronto ou um doce a ser saboreado. É preciso harmonia interior e é nesses momentos que o coração precisa conversar com a razão. E essa conversa não pode ser de um minuto ou de um dia. É diálogo, em alguns casos, para a vida toda...

– Nossa! O senhor está me assustando.

– Longe disso. Não é minha intenção. O que quero repassar para você é que quando o amor irrompe em nossa vida ele tende a nublar em parte o raciocínio lógico, submetendo-se ao império da paixão. No seu caso, por exemplo, a mim me parece que está tendo início uma tempestade de pensamentos desencontrados. Você até já está pensando em abandonar a esplêndida oportunidade profissional que tem aqui para ir em busca do quê? De um sonho? De uma fantasia? De uma quimera?

Pietro assim questionava Nestor, objetivando orientar aquele jovem pelo qual tinha muita amizade e admiração. No fundo, o que Nestor precisasse e ele pudesse ajudar, não titubearia em fazê-lo. Mas, com prudência, procurava afastar da mente juvenil quaisquer atitudes impensadas, que de alguma forma viessem a desmoronar o belo castelo sentimental já em fase adiantada de construção na alma de Nestor.

Na verdade, Pietro intuíra que os dois jovens traziam em sua bagagem reencarnatória a vivência de um amor, há tempos nascido e até então não concretizado.

Nestor foi preciso, claro, sincero:

– Não, não, meu pensamento não é abandonar a chance tão feliz que tenho aqui, a qual, aliás, devo ao senhor. O que eu estava com receio de dizer ao senhor e por isso não disse até aqui, agora, mais do que nunca, vou confessar, com todas as forças da minha alma: quero ser médico. Médico pneumologista!

Justificou:

– Há muito tempo eu sentia que a definição profissional da minha vida balançava dentro das ciências humanas, mas eu não conseguia definir. Aí, vendo tudo o que meu pai sofreu, causando tanta tristeza em mamãe e a mim também, além do preconceito que nos alcançou, fiquei imaginando como seria bom se Deus me autorizasse a ajudar tais doentes.

Complementou, algo encabulado:

– Comentei isso com Juliette e ela tem esse mesmo sentimento.

Pietro sentiu uma agradável sensação diante do que ouvira, pois sua mente deu dois saltos, ao mesmo tempo, um no passado e outro no futuro: no primeiro, fez uma visita instantânea e rapidíssima na memória transcendental e voltou com a impressão de que já sabia aquilo e, num segundo salto, entreviu Nestor todo vestido de branco, exercendo a medicina.

Nestor completou:

– Foi o senhor mesmo que me fez dizer exatamente o que eu estava sentindo, sem disfarce, sem fuga, sem escorregão.

Pietro abraçou com ternura aquele amigo de tantas e tantas jornadas existenciais e suas almas, durante aquele momento feliz, visitaram as alturas celestiais, em sólida amizade, eterna.

Alguns dias depois, Pietro convidou a família francesa para um programa bem diferente: assistir a uma palestra, num local bem simples, sobre um tema muito agradável: *emoções*. Prometeu-lhes que, na medida do possível, traduziria para eles o que fosse dito.

Antes, explicou que se tratava de um palestrante espírita, isto é, cristão e empenhado na auto-reforma.

A família acatou o convite, mais por curiosidade que por interesse.

Pietro também convidou a família de Nestor, que também aceitou.

Iniciada a palestra, expressou-se o palestrante, em tom pleno de fraternidade:

"– Falando de emoções ocorre-nos considerar que elas surgem de repente, sem sinal algum: quando menos a criatura humana espera, ou nem sequer suspeita, eis que a emoção irrompe na sua alma.

Dali para frente, seja por um segundo, um minuto, horas, dias ou até anos, ela poderá se enraizar e passar a ser a controladora absoluta das reações físicas e espirituais.

A emoção, como os demais acontecimentos que nascem da alma, e por ela transitam, nem sempre é compreendida. Deus, na Sua infinita sabedoria, ao criar Seus filhos, equipou-os, já no princípio inteligente, de um relógio-despertador, programado para iniciar despertamentos e motivos desde quando transitando por algumas espécies do reino animal. Mas, na plenitude, no homem!

Se o espírito cria os pensamentos, utilizando a poderosa ferramenta da mente, as emoções, como num planejamento integral e perfeito são as testemunhas que proclamam em voz alta os resultados deles (pensamentos).

Ser humano não há que não sinta emoções.

Emoções são, como dissemos, conseqüência dos pensamentos e por isso, quem pensa é, como bem disse Descartes, '*cogito, ergo sum*'[33]. E nós, parodiando-o, dizemos: penso, logo me emociono.

---

33. René Descartes, filósofo e matemático francês (1596–1650), proclamou a evidência do ato de pensar, na fórmula cartesiana: "*cogito, ergo sum*" (penso, logo existo). (N.E.)

Emocionam-se os espíritos puros, os anjos, todos os demais espíritos, de todos os níveis evolutivos.

Os bandidos também se emocionam.

Aliás, podemos até afirmar, sem receio de deslize, que a maioria dos crimes, das crueldades e quaisquer outras ações más, todas essas ocorrências têm por base emoções em desalinho.

A engenharia divina engendrou a emoção como verdadeira sinfonia para a humanidade. E, para o homem, verdadeiro farol, infalível bússola, imperdível oportunidade, sempre, para liberar o amor ao próximo e praticar a caridade.

Felicidade e infelicidade; amor e ódio; doação e usura; conquista e inveja; caridade e desamor; esperança e desânimo; força moral e preguiça; bondade e maldade, enfim, são lados opostos da moeda moral que expressa o valor do comportamento espiritual de cada ser.

A emoção dos anjos começa pela adoração perante a excelsitude da incessante e perfeitíssima obra de Deus; segue vibrante, na prática do bem, enxugando lágrimas dos aflitos.

A emoção do espírito, encarnado ou desencarnado, do que resulta mal para alguém, palmilha desvãos dos ensinos do Mestre Jesus.

É com o maior respeito e com o coração esfervilhante de emoções que conjeturamos quanto Jesus se emocionou quando o Pai autorizou-o a vir até nós, em carne e osso. Qual terá sido a emoção do Mestre ao reencontrar-se no plano físico com os amigos diletos, que o mundo conhece por Apóstolos? E o que teria sentido quando foi acarinhado por sua dulcíssima mãe e seu abençoado pai? Nas diversas fases da sua sublime missão, quanto terá tido de emocionalismo, ao legar para a eternidade planetária e universal tão celestiais ensinamentos? Cada vez que ele se referia a Deus, chamando-O de Pai, os registros dos evangelistas nos permitem imaginar que naqueles instantes seus olhos puríssimos brilhavam ainda mais.

Por todas essas considerações talvez nos seja permitido imaginar que as emoções chegaram ao mundo junto com a vida, permanecendo latentes nos seres primitivos, mas com dispositivo divino de eclosão quando adentrassem no reino da inteligência, isto é, bem depois da sua origem, esta, perdida nos milhões de séculos que se passaram.

A emoção é dádiva cujo valor jamais será por completo avaliado pelo homem: é por ela que se manifesta a opção que Deus nos deu, para que a administrando evangelicamente a sentíssemos e distribuíssemos felicidade.

E quem distribui felicidade, com toda certeza, é feliz!

A quadra atual da humanidade está a exigir de todos os espíritos um grande esforço: engajamento na obra de Deus. É o esforço da meditação profunda, sincera introspecção, para que, numa viagem ao nosso interior, vejamos a fonte cristalina que lá está, doada pelo Criador, da qual podem jorrar águas límpidas e cantantes, ou por desaviso, enxurradas perigosas...

A maneira de como captar as águas vivificantes foi a lição fundamental que Jesus tanto ensinou e exemplificou: com amor a Deus e ao próximo.

Assim procedendo, teremos a harmonia em nossas vidas, mesmo que contemplando as erupções vulcânicas dos clamorosos erros humanos."

A palestra foi encerrada com uma prece singela.

Os franceses captaram menos da metade da mensagem, mas gostaram muito e até pediram a Pietro que lhes explicasse algumas expressões, tais como princípio inteligente, engenharia divina, espíritos encarnados e desencarnados, águas vivificantes de Jesus etc.

Pietro, com muita paciência e pedagogia, foi esclarecendo todas as dúvidas, que foram se sobrepondo a cada nova explicação.

No dia seguinte, Antoine-Clerc ganhou um presente de Pietro: uma coleção, em francês, das chamadas "Obras Básicas da codificação do Espiritismo", de autoria de Allan Kardec. Brincou com ele:

– O autor, seu patrício, foi um grande homem, alma iluminada.

– Não o conheço.

– Mas Hippolyte Léon Denizard Rivail você conhece, pois não?

– Oh! Sim, nos meus tempos escolares estudei em alguns livros dele.

– Pois um e outro foram a mesma pessoa... Nome e pseudônimo...

– Incrível! Tive de atravessar o Atlântico para saber isso!

A festa da vida

O MAIS SAGRADO DE todos os institutos é a família – criação de Deus.

Ao criar os seres, a Providência estipulou que quando alcançassem o reino da razão um sublime automatismo entraria em ação: o de conviverem com semelhantes, ajudando-se e assim progredindo mutuamente.

Irracionais há que procedem assim e com isso estão antecipando sua promoção ao próximo reino. O mundo está repleto de comoventes exemplos de animais que até mesmo sacrificam a própria vida em prol do bando.

O abençoado mecanismo da reencarnação é outra das maravilhas da inteligência divina, posta a serviço do progresso de todos os seres. E de todos os equipamentos dos quais se serve a reencarnação, o tempo é, com certeza, o mais utilizado.

O tempo não pára, e o homem, a fim de guiar-se por ele, fatiou-o inteligentemente em múltiplos e submúltiplos, criando a noção dos segundos, minutos, horas, dias, semanas, meses, anos, séculos, milênios.

Citadas divisões e subdivisões não foram feitas aleatoriamente: têm base nas observações seculares da repetência pontual dos fenômenos naturais, a partir do dia e da noite, das estações climáticas, dos fenômenos geológicos em geral, da movimentação dos astros. Assim, a inteligência humana desde logo intuiu que embora o tempo seja outro, a cada segundo, os acontecimentos são os mesmos que já aconteceram, nas mesmas condições. E repetem-se ao infinito.

Pode parecer brincadeira infantil dizer isso agora, mas a primeira observação dessas, milhões e milhões de anos atrás, deve ter sido sobre a lei da gravidade: tudo que está em cima pode cair, mas nunca o que está abaixo sobe sozinho. Dito de outra maneira: subida exige esforço; descida, ao contrário. É o caso da água, por exemplo, que sempre corre para plano inferior, jamais para superior.

Fruto dessas observações, o homem equipou-se de um fantástico poder, que é o de prever. As previsões, dessa forma, constituíram, desde os tempos primordiais do homem na face da Terra, a maior demonstração de fé em Deus – confiança absoluta na assiduidade, pontualidade, manutenção e inalterabilidade dos mecanismos que produzem acontecimentos naturais.

Assim, foi também criada a noção do presente, do passado e do futuro.

É aí que entram os sublimes processos da reencarnação, suprindo todas as criaturas com a eternidade e meios para progredir, a partir da sua criação.

Já homem, o ser agrega-se instintivamente a semelhantes e com eles peregrina na rota evolutiva que o levará à conquista final da felicidade.

Mas, por opção, praticamente todos trilham descaminhos e magoam os semelhantes, originando arestas que tendem a se acumular, até que a Lei ponha em funcionamento mecanismos automáticos de reparação.

A vida não é feita só de quitações, ao contrário: há infinitas oportunidades de encantamento, de paz, de amor.

Mas mesmo nos embates purgatoriais, com a companhia da dor, jamais o amor de Deus está ausente ou deixando de amparar aquele que se escalda em tormentos, sejam de que natureza sejam.

A dor é episódica. O amor, eterno.

Essa a tônica da vida, em suas múltiplas repetências, seja no plano dos espíritos, seja no terreno.

Aquele que compreende essa constante divina jamais se desespera, jamais blasfema, jamais comete a sandice de tentar alterar o tempo.

Esse comportamento tem nome. Chama-se paciência!

* * *

Juliette e Nestor encontraram-se muitas vezes mais.

Já não pairavam dúvidas nas famílias de ambos que estavam apaixonados e que aquele amor se mostrava sólido.

Então, a mãe de Juliette, como todas as mães do mundo, sempre tentando proteger os filhos, considerou que era tempo de agir.

"Agir", no caso, significou afastar Juliette de Nestor, não só por serem muito jovens, os dois, mas principalmente desde que averiguou ser ele pobre e, assim, pouco poder oferecer a ela.

Lembrava-se do namorado francês de Juliette, rico.

Jogava, de modo simultâneo, com o presente, o passado e o futuro...

Conversou com o marido e sugeriu que a filha retornasse à França.

Se preciso, ela voltaria também, acompanhando-a.

Antoine-Clerc não concordou, de pronto, com tal idéia.

Para ele, Nestor tinha um belo futuro, demonstrara ser muito inteligente, estudioso, trabalhador e o principal: ser protegido de Pietro...

Pensando também na filha, argumentou que lhe impor uma separação de Nestor a magoaria.

Angèlique, vendo a firmeza das reflexões do marido, mudou em parte a idéia de separar os dois jovens. Propôs que num primeiro passo Juliette voltasse à França e que concluísse os estudos. Isso daria tempo para que Nestor também se formasse, seja lá no que pretendesse cursar. E aí, lá na frente do tempo, todos teriam melhores condições de decidir sobre o futuro.

"O homem põe e Deus dispõe", diz sábio provérbio.

O pai concordou, até porque o bom senso amparava tal sugestão.

O casal francês considerou que seria uma indelicadeza imperdoável o retorno da filha, sem uma explicação convincente, temendo que o doutor Pietro, de alguma forma, ficasse magoado, pois era evidente que ele não só abençoava como até procurava facilitar o namoro dos dois jovens.

Os pais, assim, tomaram a melhor providência: chamaram a filha e expuseram-lhe todas as reflexões relativas ao namoro com Nestor. Sugeriram que fosse dado "tempo ao tempo", isto é, que ela retornasse à França e prosseguisse nos estudos, o mesmo sendo feito por Nestor, no Brasil.

Aí, concluíram, quase que a uma só voz:

– Depois... O que você decidir, nós não só acataremos, como também tudo faremos para que seja feito como você quiser.

Angèlique tomou a mão da filha e muito emocionada disse-lhe em tom quase confidencial:

– O amor e a distância são como o fogo e o vento: a pequena chama se apaga ao menor sopro, ao passo que a ventania atiça a fogueira.

Diante de argumentos tão coerentes e sinceros, Juliette aquiesceu:

– Está bem. Assim será feito. Peço apenas tempo para conversar com Nestor e contar-lhe exatamente tudo o que vocês pensam. Com o que, aliás, eu concordo.

Os pais abraçaram-na comovidos.

Juliette encontrou-se no mesmo dia com Nestor e foi franca:

– Eu o amo muito. Meus pais sabem disso e que você também me ama. Justamente por essa causa me pediram que retorne à França, para concluir meus estudos. Prometeram solenemente que, após a conclusão dos meus e dos seus estudos, tudo farão para atender ao que eu quiser.

Bastante entristecido, sentindo-se completo incapaz de modificar tal quadro, Nestor perguntou desanimado:

– E o que é que você vai querer lá, tão distante, no futuro?

– Exatamente o que quero agora: somar minha vida com a sua!

Beijaram-se apaixonadamente, num abraço sem fim.

Em ambos, lágrimas testemunharam o que ia por dentro de suas almas e seus corações: um grande amor, ante a dor da separação.

Os pais de Juliette, antes de ela retornar, eticamente solicitaram a Pietro providenciar e mesmo participar de uma audiência com a família de Nestor.

Com todos reunidos, na casa de hóspedes da empresa de Pietro, na qual estava alojada a família de Juliette, os pais dela explicaram aos de Nestor, também presentes, a decisão acordada na família, referente ao retorno de Juliette à França. Citaram o futuro, com pouca convicção.

Pietro julgou de bom tom apresentar alguns apontamentos:

– Minha empresa decidiu manter Nestor como seu empregado, durante o curso de medicina para o qual está se preparando.

Os pais de Juliette entreolharam-se, surpresos. Foi Angèlique que disse:

– Incrível! Nossa filha ainda hoje de manhã nos disse que vai fazer todo o possível para estudar medicina.

Pietro, feliz, não perdeu a chance de eternizar o momento com uma nota futurística solta no ar:

– Nestor vai se especializar em pneumologia...

Juliette, que ainda não havia conversado com Nestor a respeito de sua decisão de se formar médica, decisão essa tomada poucas horas atrás, deu um salto e abraçou fortemente Nestor, exclamando:

– Só Deus mesmo para nos explicar como é que eu também!

Todos olharam-na, sem entender. Ela quase gritou:

– Eu também estou firmemente decidida a ser médica. Médica pneumologista!

Pietro não perdeu essa segunda chance de dourar o momento:

– Está me parecendo que um anjo bom e que protege os dois estava ao lado deles assistindo a *La Bohème*...

Agora foi Antoine-Clerc que entrou no clima:

– Por falar na ópera, no quarto ato bem que a *Mimì* brincou com Rodolfo, dizendo que quando se conheceram, e ela perdeu a chave, ele a havia encontrado e escondido... Lembram-se do que ele disse então?

– "Eu ajudava o destino" – respondeu Nestor, tímido.

Juliette olhou-o com ternura incomensurável.

Antes de encerrar aquele colóquio familiar, ficou acertado que sempre que possível Juliette viria ao Brasil e, reciprocamente, Nestor iria à França.

Angèlique, maternal, tomou a mão da filha e de Nestor. Prometeu-lhe:

– Em nossa casa você será tratado como filho.

Giovana, sensibilizada e feliz, também se pronunciou:

– Juliette, que Deus a abençoe e que a nossa casa tenha a felicidade de acolhê-la, sempre que quiser.

Vendo lágrimas nos jovens, prestes a cair, Pietro suavizou o momento:

– Quando as lágrimas de saudade orvalham a face do que ficou, a luz do amor ilumina um cantinho daquele que partiu.

Abraçaram-se todos.

Pietro, no íntimo, imaginou que aquela não era a primeira vez que a vida lhe colocava Nestor sob tutela...

De fato, bem sabia, quando no plano espiritual, que ajudara Nestor, ora desencarnado como o pescador malvado, depois como o tratador de animais (promíscuo com as donas) e por fim na pele do velho industrial solitário.

Agora, reencarnados ambos, acudia-os o esquecimento do passado, providencial bênção de Deus a todos nós, como barreira forte a eventuais desajustes, seja para evitar mais rusgas, seja como liberdade de ação.

Quando Nestor formou-se médico, um ano antes de Juliette também se formar, no Brasil houve uma feliz comemoração, patrocinada pela empresa de Pietro, que o nomeou diretor do ambulatório ali.

A família de Juliette, presente, especialmente convidada, muito festejou aquela formatura. Aliás, os negócios entre as empresas de Pietro e a de Antoine-Clerc estavam em excelente patamar, de ambas as partes.

Um ano depois, foi a vez da família de Nestor ir à França, na companhia do casal Pietro e Nícia, convidados igualmente especiais para a formatura da nova médica francesa: Juliette.

Casaram-se Nestor e Juliette.

Decidiram, de comum acordo, morar no Brasil, até porque antes do casamento Nestor narrou-lhe seus planos e ideais:

– Conheci a dor, a tristeza e o preconceito... Próximo da minha cidade existe uma cidade litorânea, tendo uma área algo afastada, bloqueada por grandes paredões rochosos logo após estreita faixa de terra. Em conseqüência, o clima ali, quente e permanentemente úmido, é propício às doenças pulmonares, tanto que em áreas sem saneamento residem muitos doentes pobres.

Concluiu, decidido, com os olhos brilhando:

– Se Deus permitir, vou prestar atendimento a eles.

– Vou com você! – exclamou Juliette, no mesmo instante.

E assim, casados, fixaram residência no Brasil, indo mesmo ajudar aqueles irmãos infelizes, não apenas daquela cidade, como de outras, próximas.

A região pobre, aliás, era daquela cidade na qual Juliette estivera, quando da sua primeira visita ao Brasil, ali se hospedando por uma semana, na residência do cliente comercial do seu pai.

Tempos depois, num pequeno período de férias que o casal concedeu a si mesmo, a conselho de amigos, foi para um clima montanhoso: Campos do Jordão.

Já ao se aproximar daquela abençoada cidade, cujo clima é mesmo incomparável, Nestor sentiu o peito apertar e o coração pular, desabrido: "Por que estou sentindo isso?" – inquiriu, intimamente.

Visitou-o a nítida impressão de já ter estado ali.

Nos dias que ali se hospedaram, ambos usufruíram a felicidade que a vida concede aos que estão em paz com a consciência.

Tendo a atenção despertada por um sanatório, em particular, Nestor visitou-o mais de uma vez, sempre na companhia da esposa.

Ao subir as escadas de acesso à portaria, estava repetindo ação feita quando se internou ali, há muito tempo atrás, e atendia pelo nome de Juventino.

Conversando com os pacientes, um deles lamentou a falta de livros espíritas ali, pois admirava muito as obras de Allan Kardec e gostaria de poder relê-las.

Cauteloso e ético, expondo respeito e boa educação, com apoio da moral, Nestor solicitou permissão à direção para atender aquele interno, o que foi deferido.

E assim, no dia seguinte o casal levou dois agradáveis presentes para uso geral não apenas daquele, mas dos demais pacientes internos: um computador com monitor, impressora e com todos os programas já instalados, além de uma bela coleção de livros, no caso, as Obras Básicas do Espiritismo (a codificação do Espiritismo).

Nestor não teve dificuldade em conseguir essas obras, pois sendo espíritas, ele e Juliette, sempre tinham no carro duas coleções da Codificação, para doação onde houvesse alguém que declarasse interesse por tal leitura.

Com a alma em paz deixaram aquele estabelecimento que guardava em suas paredes tantas e tantas histórias. Uma, agora nossa conhecida...

Carinhosamente enlaçados, rumaram felizes para o futuro.

Fim

Ao terminar a leitura deste livro, talvez você tenha ficado com algumas dúvidas e perguntas a fazer, o que é um bom sinal. Sinal de que está em busca de explicações para a vida. Todas as respostas que você precisa estão nas Obras Básicas de Allan Kardec.

Se você gostou deste livro, o que acha de fazer com que outras pessoas venham a conhecê-lo também? Poderia comentá-lo com aquelas do seu relacionamento, dar de presente a alguém que talvez esteja precisando ou até mesmo emprestar àquele que não tem condições de comprá-lo. O importante é a divulgação da boa leitura, principalmente a da literatura espírita. Entre nessa corrente!

Livros de Alceu Costa Filho

Nas margens do grande rio
Romance do Espírito Xisto Vinheiros
Anselmo e Eulália vivem às margens do Rio Araguaia. Na fazenda, espíritos conspiram com perversas intenções de vingança.

Entre amigos
Ditado pelo Espírito Filipe
No plano invisível do centro espírita, acontecimentos envolvem os que ali se encontram, beneficiados pelo trabalho de espíritos benfeitores.

Ao entardecer de uma existência
Ditado pelo Espírito Cornélio Pires
Sentindo-se abandonado e inútil, Francisco vive de recordações. Um visitante espírita, Luiz, vai ganhar sua amizade e auxiliá-lo a mudar sua vida.

À sombra da luz
Ditado pelo Espírito Filipe
O Espírito Filipe e seus caravaneiros instalam, na tenebrosa região dominada por Ponciano, um posto avançado, o "Luz", para socorrer almas arrependidas.

Uma flor do nosso jardim
Romance do Espírito Nina Arueira
Celina, órfã, está sozinha na casa que herdou. Procurando ajudá-la, um espírito a acompanha...

Do amor nasce o perdão
Romance do Espírito Xisto Vinheiros
Depois de várias encarnações, unidos pela ambição, Getúlio e Sérgio lutam contra os desafetos do passado.

O diário de Sofia
Narrado pelo Espírito Nina Arueira
Entre a vida e a morte, Sofia vive uma experiência fantástica. Hospitalizada, em coma, ela vai adentrar a uma nova realidade: a vida espiritual.

Se você quiser conhecer todos os nossos títulos, e se interessar em receber um catálogo, sem compromisso, envie seus dados para Caixa Postal: 67545 – Ag. Almeida Lima – CEP 03102-970 – São Paulo – SP ou se preferir via e-mail: petit@petit.com.br

Sucessos da Butterfly Editora

Frank C. Tribbe

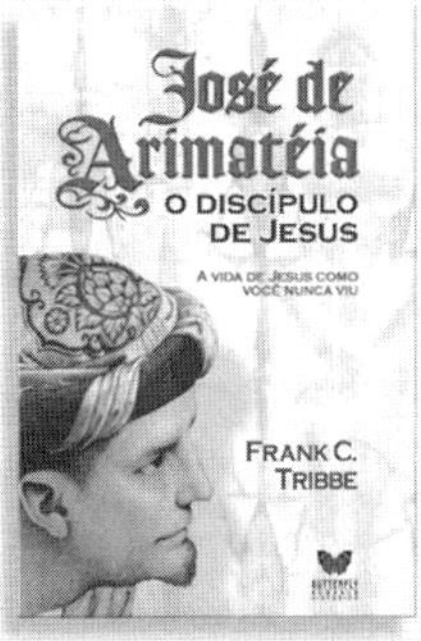

José de Arimatéia, o discípulo de Jesus

Jesus como nunca foi visto: revelações sobre o Mestre, seus discípulos e Arimatéia.

Formato: 16x23cm
376 páginas

Margaret S. Peet & Shoshana Zimmerman

Se o meu Médico Diz que Estou Bem... Por Que Me Sinto Tão Mal?

Um guia prático para prevenir doenças muito antes de surgirem os primeiros sintomas.

Formato: 14x21cm
376 páginas

Lee Carroll & Jan Tober

Crianças Índigo

Best-seller: os futuros líderes de um mundo em transição estão nascendo por toda parte!

Formato: 14x21cm
272 páginas

Egidio Vecchio

Educando Crianças Índigo

Um manual para pais e professores educarem os índigos, essas crianças diferentes que estão nascendo por toda parte.

Formato: 14x21cm
224 páginas

Carla Wills-Brandon

Um Último Abraço Antes de Partir

No leito de morte, revelações sobre os derradeiros instantes daqueles que vão partir.

Formato: 14x21cm
272 páginas

Raymond A. Moody Jr.

A Vida Depois da Vida

Mais de 13 milhões de exemplares vendidos. Relatos sobre experiências de quase-morte (EQMs).

Formato: 14x21cm
184 páginas

Para conhecer outros livros da Butterfly Editora, basta acessar o site www.flyed.com.br ou solicitar um catálogo sem compromisso pela Caixa Postal 67545 - Ag. Almeida Lima - CEP 03102-970 - São Paulo - SP.

BUTTERFLY EDITORA Em direção a um mundo melhor

O CD que acompanha este livro reproduz as músicas citadas neste romance. Citaremos abaixo o nome de cada música, bem como uma breve indicação da circunstância em que foram ouvidas pelos personagens:

Faixa 1 (pág. 15) – **Alvorada**, da ópera **Lo schiavo**, de Carlos Gomes
(Quando um convalescente acorda, no plano espiritual, sentindo-se bem)

Faixa 2 (pág. 22) – **Greensleaves** [Folhas verdes], de autor desconhecido
(No passeio de um casal por um alegre e florido bosque)

Faixa 3 (pág. 25) – **Intermezzo**, da ópera **Cavalleria rusticana**, de P. Mascagni
(Formação de ambiente de paz, antecedendo a refeição)

Faixa 4 (pág. 47) – **Cantata nº 156**, de Bach
(Num instituto espiritual, onde são vistas telas dinâmicas, "vivas", nas paredes)

Faixa 5 (pág. 95) – **Clair de lune** ["Luz do luar" ou simplesmente "Luar"], de Claude A. Debussy
(Após a prece de um grupo de amigos que se deslumbram com o luar)

Faixa 6 (pág. 111) – **Jesus, alegria dos homens**, de Johann Sebastian Bach
(Momentos antes da viagem ao plano terreno de vários grupos de espíritos que, felizes, irão rever familiares reencarnados)

Faixa 7 (pág. 117) – **Apenas um coração solitário**, de Tchaikovski
(Lembranças que visitam alguém, há longo tempo distante do ser amado)

Faixa 8 (pág. 120) – **Concerto nº 1, para piano e orquestra**, de Tchaikovski
(Emoções fluindo ante a sublime união e o brilho de amor de dois corações)

Faixa 9 (pág. 169) – **Barcarola**, da ópera **Contos de Hoffmann**, de Jacques Offenbach
(Os sons da paz e da bênção antecedendo a uma reencarnação)

Faixa 10 (pág. 175) – **Sonata ao Luar**, de Beethoven
(Fundo musical de tranqüilidade para um recém-nascido de parto noturno)

Três árias do 1º ato da ópera **La Bohème**, de Puccini (**Faixas 11, 12 e 13**)
(No libreto da ópera, numa noite fria de Paris ocorre a sublime eclosão do amor de dois seres que acabam de se conhecer. São pobres de bens, mas ricos de sentimentos. No texto, dois jovens – ele brasileiro, ela francesa – assistem a essa ópera e se envolvem intensamente na magia do amor correspondido)

Faixa 11 (pág. 197) – **Che gelida manina** [Que mãozinha gelada]

Faixa 12 (pág. 197) – **Mi chiamano Mimì** [Me chamam Mimi]

Faixa 13 (pág. 197) – **O soave fanciulla** [Oh!, suave menina]

2007 – Studio Consonância

Ribeirão Preto/SP – e-mail: bogdan.dragan@terra.com.br
Arranjos e produção sonora: Bogdan Dragan
Clarinetes e violão: Bogdan Dragan
Canto: Snizhana Dragan
Sofia Dragan
Alberto Barbieri